KB071001

수상학 길잡이

수상학 길잡이

개정판 1쇄 2010년 9월 1일
지은이 홍 정
펴낸이 김영재
펴낸곳 책만드는집

주소 서울 마포구 합정동 428-49번지 4층 (121-887)
전화 3142-1585·6
팩스 336-8908
전자우편 chaekjip@chol.com
출판등록 1994년 1월 13일 제10-927호
ⓒ 홍정, 2010

ISBN 978-89-7944-342-4 (03180)

쉽게 푸는 손금의 비밀

수상학 길잡이

홍정 지음

책만드는집

수상手相은 사람의 손을 토대로 하여 그 사람의 운명을 예측하는 방술方術의 하나다. 명命을 예측하는 방술에는 생년월일을 근거로 하는 사주四柱, 역점易占, 기문奇門 등 여러 가지가 있는데 이는 모두 역학易學이라 일컫는다.

이에 반해 수상은 상학相學의 한 분야로 역학이라 하지 않는다. 각 방술에는 그 나름의 장단점이 있다. 그중 수상은 각 개인의 운명을 예측하는 데 있어 어느 방술보다도 탁월하다고 할 수 있다. 그 이유로는 첫째, 세상의 모든 사람의 인생이 각기 다르듯이 지구 상의 수십 억 인구 중에서도 똑같은 수상을 가진 사람은 단 한 사람도 없기 때문이다. 그 두 번째 이유는 수상은 바로 개운開運을 할 수 있는 학문이기 때문이다.

우리의 손에 새겨지는 모든 선은 각각의 의미가 있고 수시로 변화한다. 긍정적이고 적극적인 사고에 의해 좋은 수상이 새겨진다. 예를 들어 손에 흉운凶運을 나타내는 상相이 있어도 실망하지 않고 꾸준히 노력하면 얼마든지 흉상凶相도 길상吉相으로 변화시킬 수 있다는 것이다.

처음으로 수상에 관심을 가졌던 이후로 수많은 서적과 사람들의 수상을 관찰하면서 수상이 갖는 신비감과 과학성에 수없이 놀랐다. 한때는 수상에 완전히 빠져들어 다른 방술에 대한 연구는 거의 손을 놓아버렸을 정도였다.

필자가 현재까지 명상학命相學을 직업으로 하면서 경험한 바에 의하면, 여러 방술 중 특히 수상과 명리학이 인간의 명을 예측하는 데 가장 정확성이 있음을 감히 단언할 수 있다. 수상의 역사가 수천 년이 되고 구미 각국이나 가까운 일본에서는 수상학이 큰 발전을 이루었지만 애석하게도 우리나라에서는 아직도 기타 방술에 비해 현저히 뒤떨어져 있다. 필자는 그 이유를 지금까지 수상을 전문적으로 연구하는 사람들이 적었고 혹 있다 해도 그 지식을 전수하고 보급하지 않은 데 있다고 본다.

실제로도 필자가 맨 처음 수상에 관한 서적을 접하고 그 저자들까지 찾아다니며 자문을 구해보았지만 명쾌한 답을 해줄 수 있는 수상가는 거의 없었다. 이때부터 필자는 수상에 관한 책을 쓰려고 국내외의 수상에 관한 서적을 구해 탐독하고 공통점과 다른 점을 비교 분석하고 취사선택을 하던 중 몇 권의 훌륭한 서적을 만나게 되었다.

필자가 경험한 사실과 이 책들을 근거하여 감히 수상학 원리의 결정판이라 자신할 수 있는 본고本稿를 편술하게 되었다.

'도율삼년 시팔년 달마구년 수상일생桃栗三年 柿八年 達磨九年 手相一生'이란 말이 있듯이 수상의 달인이 되기 위해서는 본서를 수없이 탐독하고 실제로 많은 사람의 수상을 직접 보고 익혀야 함을 당부하고 싶다. 본서가 수상학에 관심을 두고 있는 여러분들께 작지만 충실하고 올바른 지침이 될 것을 기대한다.

홍정

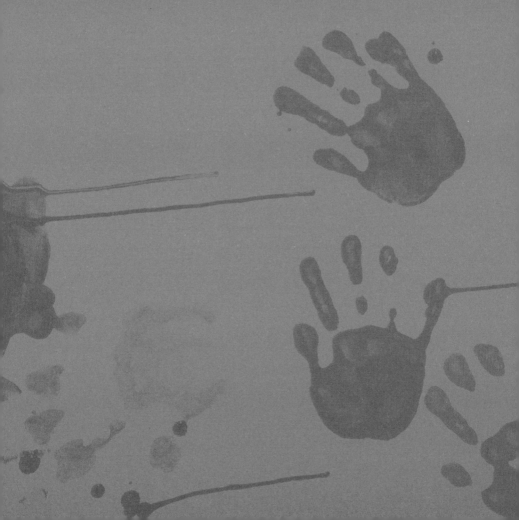

제1부

손 모양의 연구

제1장

손의 모양 手型

일반적으로 수상학手相學에는 장선학掌線學과 수형학手型學의 두 분야가 있다. 장선학은 장문학掌紋學이라고도 하며 손금과 문紋에 관한 연구를 주로 하고, 수형학은 손의 모양手型과 손가락指에 관하여 연구 관찰한다. 이 두 개의 분야는 각각 독립된 학문으로 연구 발전되었지만 현대 수상학에서는 이것을 종합하여 관찰함으로써 한층 뛰어난 효과를 거두고 있다.

각 개인의 손은 장단長短, 후박厚薄, 형상形狀 등에 있어 여러 가지 차이점이 있다. 그러나 수상학에서는 손의 형태가 나타내는 의의에 따라 이것을 크게 일곱 가지 유형으로 분류하여 연구 관찰한다. 즉, 손의 형形이란 선조에게서 물려받은 혈맥에 의한 형질 유전에 기인하는 것으로 손의 형상에 따라 각 개인의 특징을 알 수 있다.

예를 들면 긴 손가락과 좁은 손바닥의 손(원추형, 첨두형, 사색형)을 가진 사람은 짧은 손가락과 두꺼운 손바닥의 손(방형, 원시형)을 가진 사람과는 다른 그 나름의 성격에 걸맞은 사회적 지위나 일을 갖는다.

따라서 손의 형에 관한 연구는 대단히 흥미가 있다.

수상학상 모든 손은 다음의 일곱 가지, 즉 사색형思索形, 방형方形, 비형篦形, 원추형圓錐形, 첨두형尖頭形, 원시형原始形, 혼합형混合形 등으로 분류한다. 운동과 노동에 의해 손이 크게 발달할 수도 있지만 그 때문에 손의 형까지 변하는 일은 없다.

1. 사색형思索形의 손

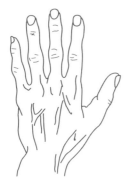

이 형은 손가락의 뼈가 불거져 있고 손가락 관절이 발달한 가늘고 긴 손으로, 일곱 개의 형 중에서 가장 식별하기 쉬운 손이다. 사상가나 학자의 손에서 많이 볼 수 있으며 '학구형의 손', 또는 '철학적인 손'이라고도 부른다.

1) 특징

손가락 관절이 발달하여 마디가 굵으므로 손가락을 붙이면 사이가 벌어진다. 손등의 힘줄이 불거진 길고 마른 손으로, 울퉁불퉁하고 딱딱한 느낌을 준다. 손끝은 둥근 모양을 하고 있으며 대체로 손바닥이 크고 살집이 엷다. 무지(엄지손가락) 또한 발달해 있다.

2) 성격

이 형의 사람은 학구열이 왕성하다. 또한 어딘가 남다른 데가 있는 사람으로 특이한 사고방식과 행동 양식을 갖고 있다. 두뇌가 과학적이므로 냉정하고, 생각이나 반성을 잘한다. 다소 고독한 경향이 있으며 물욕이 없는 사람이다. 정신적 경향이 강하고 고상하며 고아高雅한 것을 좋아한다. 그에 따라 진취적 기상이 모자라는 소극적인 성격으로, 사회 활동에는 적합하지 않다.

이 형의 사람은 돈벌이나 저축에는 애당초 관심이 없다. 따라서 우연히 거금을 획득하는 일이 있어도 그것을 사회나 타인에게 희사喜捨하는 사람으로, 예를 들면 불우 이웃을 위해 보육원이나 치료원을 세운다거나 혹은 학교를 설립하는 등 남다른 특질이 있는 사람이다. 즉, 박애博愛나 인애仁愛 정신이 투철한 사람이 많고 타인에게는 친절한 반면 친우 관계나 사교력은 조금 뒤떨어진다. 휴머니스트나 인격자가 많고 매사에 성실하고 청초淸楚한 것을 좋아하는 경향이 강하다. 그러므로 만약 이 형의 사람에게 상담이나 부탁하는 일이 있을 경우에는 복장 등 세심한 부분까지 충분히 생각해야 한다. 또한 냉정하고 말이 없는 사람이 많고 사소한 일에도 신경을 써 말 한 마디 한 마디에 세심하게 주의를 기울이는, 자아나 자존심이 강한 사람이 많다.

이상이 사색형 손의 성격적 특징으로, 이와 같은 손의 형을 관찰할 경우 아래의 사항을 참고로 염두에 두어야 한다. 이 형의 손가락 관절이 잘 발달하여 마디가 굵으면 상술한 바와 같이 사려가 깊고 정에 이끌리지 않는 냉철한 성격을 나타내지만, 손가락 관절이 발달하지 않아 매끄러운 모양을 하고 있으면 전자와 정반대의 성격을 보인다.

즉, 정에 움직이기 쉬운 성질이 된다.

사색형의 손과 같이 손가락 관절이 발달한 것은 사물에 대한 분석적 재능의 발달을 의미하는 것으로, 이 경우 지능선이 일직선으로 나타나 있으면 그 재능은 과학적 방면으로 향하고, 지능선이 경사져 있으면 인생이나 인간의 탐구에 흥미를 갖는 경향이 있다.

사색형 손의 손가락 끝은 둥근 모양을 하고 있는 것이 일반적이나 개중에는 방형이나 비형으로 되어 있는 것도 있다. 이것은 이 사람의 사물에 대한 사고방식이나 행동 양식이 방형이나 비형의 손이 표상表象하는 성격과 비슷한 것을 뜻한다. 예를 들어 손가락 끝이 방형의 모양을 하고 있다면 원래는 사색형의 손이 나타내는 성격을 갖고 있지만 실제적이고 활동적인 성격도 접목되어 있는 것을 나타낸다.

2. 방형方形의 손

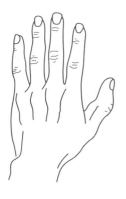

이 형의 손은 손바닥과 손가락이 모두 네모진 느낌을 주기 때문에 방형이라 불린다. 이와 같은 유형의 손은 실제로 사회에서 능력을 필요로 하는 일에 종사하는 사람에게서 많이 볼 수 있는 것으로 '실제형의 손'이라고도 불린다.

1) 특징

손 전체가 모나고 손가락 관절은 대체로 굵다. 손가락은 근원에서 손끝까지 굵기가 거의 일정하다. 손끝은 방형이지만 개중에는 조금 둥근 모양을 하고 있는 것도 있으며, 무지와 금성구(엄지손가락 하단의 두툼한 부분) 또한 잘 발달돼 있다. 무지는 대체로 길고 좋은 모양이다. 손가락도 거의 방형으로 탄력이 있으며 단단하고 강하다. 언뜻 봤을 때 튼튼하게 보이는 손으로 피부의 살결은 대체로 거칠다.

2) 성격

신념이나 이론에 입각하여 행동하므로 이상이나 관념적인 일에는 마음을 두지 않는다. 활동적이고 근면 성실한 사람이 많고 지극히 상식적이며 사물을 합리적으로 생각한다. 관습이나 질서를 잘 지키고 시간관념이 강하며 금전상의 일에서도 꼼꼼한 면이 있다. 모든 일에 최선을 다해 열심히 일하며 동시에 목적을 관철하려는 불굴의 의지와 강고한 신념이 있어 상상력이나 창의력을 요하지 않는 실사회적인 일이나 실무적인 일에는 대체로 성공한다.

또 의지적이고 실행력이 있으며 무슨 일이든 철저히 하는 편집성이 있다. 그러나 감정 및 상상력이 모자라고 성격적으로도 아량이 없다. 생활 태도에서도 이론이나 이치를 따지는 경향이 강하다. 이에 따라 자연적으로 물질적인 방면에만 관심을 나타내어 인생의 참의미를 간과하게 되는 단점도 있다.

3. 비형篦形의 손

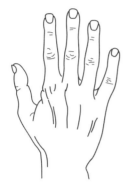

이 형의 손은 손가락 끝이 안쪽으로 굽어져 있거나 가지런하지 않아 일반적인 모양의 손가락과 상당히 다른 형상을 하고 있다. 이 것은 활동적인 성격을 표시하는 것으로 '활동형의 손', 또는 '구둣주걱형의 손'이라고 도 부른다.

1) 특징
비형의 손은 손바닥의 살이 단단하고 탄력이 있으며 손이 크다. 손끝은 넓고 둥글어 마치 약손가락 모양과 같다. 무지 또한 크다.

2) 성격
비형 손의 소유자는 감정을 드러내거나 격하기 쉬운 성질로 항상 활동적이고 지칠 줄 모르는 정력가다. 금운이나 성공에 혜택받은 경우가 많다. 상상력과 창조적 재능이 풍부해 발명가나 발견가 중에 이형의 손을 가진 사람이 많다. 전통, 인습, 관례 등에 구속받지 않는 자유로움을 즐기며, 대단히 상식적이고 독립적이고 진취적인 기상이 풍부하지만 배타적이고 이기적인 경향도 강하다.

　이상이 대개 비형의 손을 가진 사람이 나타내는 성격적 특질로서 더욱 깊이 이 형을 분석하여 관찰하는 것도 매우 흥미가 있다. 이 손의 손바닥은 상부나 저부 둘 중 한 부분이 비형으로 되어 있다. 상부,

즉 4지四指(엄지를 제외한 네 손가락)의 뿌리 부분의 폭이 넓고 하부 쪽이 좁으면 물질적 경향이 강한 성격을 나타내며 감정에 치우치지 않는 이성적인 사람으로, 이 사람이 발명가라면 그 재능을 실용적인 방면에 많이 접목시킨다. 반대로 구둣주걱을 거꾸로 한 것과 같은 모양의 손바닥이면 말이나 행동이 충동적이고 격정적이기 쉬운 성격의 사람이다.

비형의 손은 본래 탄력 있는 단단한 손바닥이 아니면 안 된다. 만약 그것이 유연하고 약한 것이면 민감하고 성급한 성질을 나타내는데, 일에 끈기가 없고 변덕이 심하며 끊임없이 불평불만을 토로하는 유형이다.

4. 원추형圓錐形의 손

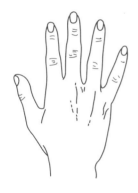

원추형의 손은 '예술형의 손', 또는 '충동형의 손'이라고도 불린다. 예술형의 손이라 하여 화가나 음악가, 문인 등이 반드시 이 형의 손이 아니면 안 된다는 의미는 아니다. 그러나 이 형의 손은 일반적으로 예술적 감각과 취미를 가진 사람에게서 많이 볼 수 있다.

1) 특징
원추형의 손은 전체적인 손 모양을 보았을 때 가로보다 세로가 더 길고 손바닥이 부드럽다. 손바닥의 두께는 상부보다 손목 부분이 두껍고 폭이 넓다. 손가락은 그 근원이 굵고 손가락 끝으로 갈수록 점차로 가늘어지며 손끝은 대체로 둥글다. 손가락 관절은 유연하고 뒤로 젖혀지는 손가락이 많다. 손 전체의 형과 손가락이 원뿔과 같은 느낌을 준다.

2) 성격

원추형의 손 모양을 한 사람은 과학적인 추리력은 모자라지만 사물의 요점을 파악하는 감각이 예리하고 새로운 사태나 환경에 대한 적응력이 빠르다. 또한 상상력이 풍부하고 정서적으로도 예술적 소질은 있지만 예술의 창작에 노력하기보다는 단순히 감상자에 지나지 않는 경우가 많다. 연애나 정욕의 향락에 빠지는 경향이 강하고 처지나 환경에 영향받기 쉽다. 질서 관념이 모자라고 모든 일을 사무적으로 처리하지 못하는 성질로, 대개 규율이나 법칙에 구속당하는 생활에는 견디지 못한다.

이 형이 손바닥의 살집이 풍부하고 유연하다면 사치, 안일을 좋아하고 방종에 빠지는 경향이 있다. 동정심이나 생각이 깊은 성질로 자기 자신의 생활이 마음에 걸리거나 근심이 있을 때는 이기적인 점도 있지만 결국은 연민이 많아 눈물을 잘 흘린다. 첫인상에서 좋고 싫음을 결정하는 경향이 강하고 감정이 극단적이다. 그러나 이 형의 손바닥 피부가 단단하고 탄력이 있다면 정력이 강하고 어떤 일을 완성하는 실천력이 증가된다.

5. 첨두형尖頭形의 손

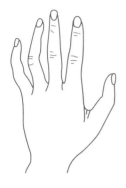

첨두형의 손은 '영적인 손', 또는 '공상형의 손'이라고 불리는 가장 뛰어나고 아름다운 손이다. 그러나 순수한 첨두형의 손은 거의 없다.

1) 특징

첨두형의 손은 손가락이 근원에서 끝으로 갈수록 점차 가늘어져 손끝이 뾰족하다. 살결이 곱고 손바닥의 피부가 부드럽다. 손 전체가 작고 섬세하여 우아한 느낌을 주며 가로보다 세로가 가늘고 길다. 또한 무지가 작다.

2) 성격

첨두형의 손은 대체로 직감이 예리하고 상상력이 풍부하며 공상적, 관념적인 경향이 강하다. 실무적 재능이 없고 실사회에서 활동할 만한 재능도 모자라므로 모든 형 중에서 가장 불운을 상징하는 손이다. 또한 의지가 약하고 감정에 치우치기 쉬우며 시간이나 규율 관념이 없고 안일하고 나태하여 향락적인 기분에 잘 빠진다. 그러나 색채에 관한 고도의 감각이 있어 다른 모든 일에는 실패할 가능성이 있어도 미술이나 디자인 등의 방면에서는 성공할 수 있다.

체질은 허약한 사람이 많아 이와 같은 사람은 자기 자신의 재산을 갖고 있거나 타인에게서 생활 원조가 있는 경우를 제외하고는 생존경쟁에 견디는 능력이 모자라 불의의 사건이나 재난 등에 직면하게 되면 곧 포기해버리고 만다. 종교에 열중하거나 광신하는 경향이 강하고 그렇지 않으면 신비적인 방면에 강하게 관심을 갖는 성질이므로 개중에는 놀라울 정도의 투시나 예언 또는 영감을 개발하는 사람도 있다.

6. 원시형原始形의 손

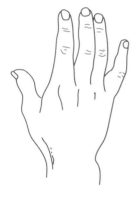

이 형은 명칭이 말해주듯이 손의 형 중에서 가장 하종下種으로 추악한 모양을 하고 있다. 일반적으로 손의 형은 전체적인 모양이 짧고 두꺼울수록 짐승에 가까운 성격을 나타내는데, 원시형의 손은 작고 짧으면서 두꺼워 틀림없이 이에 해당한다.

1) 특징

손가락은 굵고 짧고 땅딸막한 모양을 하고 있다. 손바닥도 짧고 두껍다. 손가락 끝은 모나고 약간 둥근 형태를 띠고 있으며, 피부의 살결이 거칠고 둔중한 느낌을 준다. 무지는 짧고 못생겼다. 딱 봤을 때 모양이 보기 싫고 거친 느낌을 주는 손이다.

2) 성격

이 형의 손을 가진 사람은 격정이나 분노의 감정을 제어하지 못하는 대단히 거친 성격을 갖고 있으며, 극히 육욕적이고 금전에 대한 집착이 강하다. 상상력이 모자라고 취미도 대단히 비속하고 저급하다. 사물에 대한 사고력이나 관념이 극히 낮으며, 정서나 상상 등의 정신활동은 찾아볼 수 없다. 신경조직이 전혀 발달하지 않은 사람으로, 인간적인 번민이나 고민을 전혀 느낄 수 없다.

7. 혼합형混合形의 손

혼합형의 손은 다른 형과 비교할 때 설명하기 어려운 손이다. 왜냐하면 이 형의 손은 손가락뿐만이 아니고 손 그 자체를 비롯하여 여러 가지 다른 형의 형질이 혼합되어 있기 때문이다.

1) 특징

이 형의 손은 여러 형의 형질이 혼합된 손이다. 손가락 모양을 보아도 두 종류 이상의 형에 속하는 손가락을 아울러 가지고 있다. 4지 중 가운데 두 손가락과 양끝의 두 손가락이 각각 동일한 모양을 하고 있는 경우가 가장 많은 듯하다. 예를 들면 가운데 두 손가락이 원추형이고 인지(집게손가락)와 소지(새끼손가락)가 방형인 형상이다. 물론 다섯 손가락이 모두 다른 경우도 있다. 상술한 바와 같이 혼합형의 손은 손가락뿐만 아니라 손 전체가 서로 다른 요소를 혼합한 손이라는 것을 잊어서는 안 된다.

2) 성격

이 형의 손은 형질이 다른 손이 혼합하여 형성된 손이므로 성격에도 다각적인 요소가 혼재한다. 일반적으로 혼합형의 손은 변통變通의 재능이 있어 다방면으로 다재다능하다. 지극히 소탈한 성질이지만 변덕이 심한 것이 단점으로, 목적 및 계획을 일관적으로 추진하지 못해 그 재능을 성공시키는 일이 거의 없다. 직업 및 주거 등도 잘 변하는 사람으로 연애를 해도 이 사람에서 저 사람으로 옮겨 다니는 돈환형이 많다.

무슨 일을 하더라도 일단은 완수하는 쓸모 있는 사람이지만 그것을 계속적으로 활용하는 끈기가 없어 성공하지 못한다. 다만 이 형의 손에 힘찬 지능선이 나와 있을 경우는 하나의 일에 전력을 경주競走하여 꼭 성공시키는 성실한 사람이다.

이상으로 손의 형질에 따른 일곱 종의 형에 대해 설명했지만 수상학에서 분류하고 있는 엄정한 의미에 꼭 들어맞는 형은 거의 없다. 문자 그대로 순수한 형은 종족의 번식이나 혼교의 과정을 통해 거의 사라졌다고 해도 과언이 아니다. 이 점을 인식하고 있으면 수상 판단에 있어 그 성격을 한층 더 정확히 파악할 수 있다.

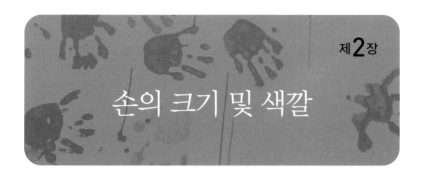

손의 크기 및 색깔

1. 손의 크기

손은 그 형상의 크기에 따라서도 표시하는 의미가 각기 다르다. 손이 큰 사람은 일반적으로 손재주가 있으며 일을 세심하고 면밀히 취급 하는 경향이 있는 반면, 손이 작은 사람은 세밀한 일을 싫어하고 자 신이 실행할 수 없는 큰 계획이나 목표를 세우는 기질이 있다. 물론 상술한 손의 대소大小는 그 사람의 체구에 따른 상대적인 크기다.

2. 손바닥의 상相

손바닥은 적당한 두께와 적당한 탄력을 갖는 것이 이상적인 것으로 이와 같은 표준형의 손바닥은 선량하고 근면한 성질을 표시한다. 손 바닥의 살이 두껍고 표피가 지나치게 단단하면 거칠고 야비한 성질을 나타낸다. 반면 살이 두껍고 표피가 부드러운 손바닥은 나태한 성질을, 살이 얇고 표피가 단단한 손바닥은 냉혹하고 타산적인 성질을 나타낸다. 대개 단단한 손바닥은 물질적 기질이, 유연한 손바닥은 정신적 기질이 강하다.

손바닥의 중앙부, 즉 화성평원이 지나치게 오목하면 불운을 의미하는 것으로, 국부적으로 오목한 것에도 주의를 기울여야 한다. 예를 들면 생명선이 있는 지점이 특히 침하되어 있으면 가정적인 번민과 고뇌가 있음을 암시하며, 운명선이 오목한 것은 경제적인 면이나 일반 세상사적인 일에서 불운이 생긴다는 것을 암시한다. 또 감정선의 오목함은 애정이나 연애에 관계된 실망과 실의를 암시한다.

3. 손바닥의 색깔

손등의 색깔은 얼굴색과 관계가 깊다. 그러나 그것은 성격과는 관계가 적다. 즉, 손등이 흰 사람은 얼굴색도 희고, 검은 사람은 얼굴색도 검다. 그러나 손바닥의 색깔은 손등과는 달리 사람의 성격과 대단히 유사한 관계가 있다.

손바닥이 창백한 사람은 일반적으로 냉정하고 자신 이외의 일에는 흥미를 갖지 않는다. 또 황색을 띤 손바닥은 신경질적인 성질이어서 교제하는 데 문제가 많다. 붉은색을 띤 손바닥을 가진 사람은 열광하기 쉬운 성질이다. 뛰어난 체력을 갖추어 태어났지만 몸을 아끼지 않고 일하기 때문에 과로하기 쉽다.

손바닥의 이상적인 색깔은 담홍색과 백색을 섞어놓은 것이다. 이러한 사람은 쾌활하고 희망이 가득 차 있다.

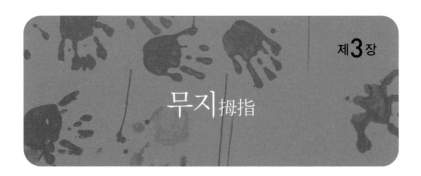

제3장

무지拇指

1. 무지의 개념

손바닥에 새겨진 선이나 문紋으로 그 사람의 성격 판단이 가능하듯이 손의 형이나 손가락으로도 그 사람의 성격을 읽을 수 있다. 이 경우 가장 중요한 대상이 되는 것이 무지다.

1) 의의

무지는 인간의 정신생활에 있어 필요한 3요소, 즉 지知, 정精, 의意의 상태를 각각 개별적으로 표시한다. 그리하여 무지의 제1지절은 의지력을, 제2지절은 지능을 나타내며, 애정은 금성구로 불리는 무지의 기저부(장골부)에 의해 표시된다.

무지에 관해서는 의지력과 생활력의 상징이라든가, 인간이나 남성의 상징이라든가 하는 등등의 여러 설명이 있는데, 그중에서도 프랑스의 수상가 다루판치니가 설파한 "무지는 사람의 개성을 말하는 것

이다"라는 말이 가장 탁월하다. 그리고 더 나아가 그는 "인간의 무지
는 그 사람의 지능에 의해 차이가 생긴다"라고 설명하고 있다.

이는 정신 활동의 심천강약의 기능에 대응하여 무지는 그에 수반
하는 형상상의 변화를 한다는 의미로 해석된다. 이상은 모두 인간의
두뇌 발달과 무지 발달의 상관관계를 말하고 있는 것이다.

2) 무지와 두뇌의 관계

무지와 두뇌와의 관계는 다음과 같은 사실에 의해서도 증명된다. 즉,
갓 태어난 유아는 아직 의지력이 발달하지 않아 꽉 쥔 네 개의 손가
락 안으로 무지를 넣고 있지만 점차적인 발육 단계에 따라 무지는 밖
으로 나오고 힘이 주어지는 것이다. 또 간질의 발작으로 의지력의 상
실 상태에 빠져 있는 환자를 관찰해보면 역시 4지가 무지를 꽉 쥐고
있다. 중풍이나 사기死期에 가까운 환자도 똑같다. 백치의 무지는 거
의가 작고 위축되어 있다.

영국의 수상학자인 키로는 "무지는 두뇌와 손을 연결하는 주목해
야 할 신경을 입증하는 것이다. 즉, 뇌수에는 '무지 중심'이라 불리는
곳이 있어 만약 이 부분에 어떠한 고장이 일어나면 신체는 마비나 불
수의 증상을 띠게 된다. 그러나 이 증상이 확실하게 표면화되기 훨씬
이전에 무지의 제1지절에는 이미 그 징후가 나타나며, 이와 같은 사
실은 신경과 전문의 사이에서는 잘 알려진 사항이다"라고 하여 두뇌
와 무지와의 관계를 과학적인 관점에서 설명하고 있다.

3) 무지와 지능선

무지가 그 사람의 개성을 표시한다고 하는 것은 상술한 대로다. 그러나 여기서 특히 주의해야 할 것은 손의 형이나 손가락이 표시하는 의의는 그 사람의 선천적 소질을 나타낸다는 것이다. 따라서 무지가 강한 의지력을 표시하고 있음에도 불구하고 후천적인 변화나 발달을 나타내는 지능선이 약한 의지력을 표시하는 경우, 그 사람은 선천적인 의지력은 강고하지만 주변 환경이나 그 외의 사정으로 인해 후천적으로 변화하여 본래의 강한 의지력이 약해질 수 있다. 그러므로 무지를 관찰하는 경우는 손금의 상태도 아울러 관상할 필요가 있다.

2. 무지의 지절指節

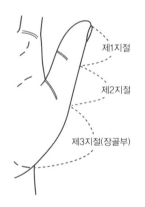

제1지절
제2지절
제3지절(장골부)

무지는 제1지절과 제2지절 및 4지의 제3지절에 해당하는 장골부로 이루어져 있다. 제1지절은 제2지절에 비해 약간 짧거나 동일하며, 장골부는 제1지절과 제2지절을 합한 길이와 거의 같은 길이로 되어 있는 것이 보통이다.

1) 제1지절

무지의 제1지절은 의지력을 표시하는 부분이다. 여기서 말하는 의지력이란 결의, 투쟁, 극기, 결단 등의 의미와 통한다. 제1지절이 보통보다도 길고 동시에 확실하면 강한 의지력과 인내력의 소유자임을 나타낸다. 그러나 이 부분이 지나치게 길면 오만, 완고, 횡포 등의 의미가 되고 그 행동도 저돌적인 경향이 강하게 된다.

반대로 제1지절이 보통보다도 짧으면 의지력과 결단력이 모자라고 환경과 처지에 지배되기 쉽다. 극단적으로 짧으면 의지박약으로 활동력이 없고 굴종적인 성질임을 표시한다. 제1지절이 폭이 넓고 확실하고 살이 두꺼우면 완고하고 강인한 성격을 나타낸다.

2) 제2지절

무지의 제2지절은 사고력, 판단력, 추리력 등의 지능 상태를 표시하는 부분이다. 이 부분이 길고 확실하면 총명하고 지능이 발달한 것을 나타낸다. 그러나 이것이 지나치게 길면 이론을 좋아하는 경향이 강하다.

짧은 제2지절은 추리력과 사고력이 약하고 지둔遲鈍한 지능의 소유자임을 표시한다. 극단적으로 짧은 경우는 열약劣弱한 두뇌를 나타내는 것으로 상식과 추리력이 거의 없다. 제2지절이 여위어 얇다면 지성이 모자라 감정적이고 충동적인 성질이 강하게 된다.

3) 제1지절과 제2지절의 비교

제1지절과 제2지절이란 대개 길이가 비슷한 것이 보통이다. 만일 제1지절이 제2지절보다 더 길면 사려나 지성을 동반하지 않는 의지력과 투쟁심을 표시하는 것이 되어 그 행동은 막무가내이고 저돌적인 경향을 띤다. 따라서 타인과 종종 대립하거나 충돌한다.

이것에 반해 제2지절이 제1지절보다 더 긴 경우는 의욕과 원망을 극복한 강한 사려나 지성의 힘을 나타낸다. 그러나 그 사려나 지성이 신중이 지나쳐 실행력과 결단력을 둔화시키는 결점이 있다. 이와 같은 무지를 한 사람은 조언과 계획, 이론 등은 확실히 빼어나지만 호기를 잡아 실행에 옮기는 결단력은 모자란다.

4) 제3지절(장골부掌骨部)

장골부라는 것은 4지의 제3지절에 해당하는 부분, 즉 무지의 기저부로 손바닥 쪽에서 말하면 금성구라 부르는 곳이다. 이 부분의 길이는 측면에서 보는 것이 눈으로 측정하기에 용이하다.

무지의 장골부는 애정을 표시하는 부분이다. 이 부분이 길고 금성구가 적당히 발달해 있으면 정서적이고 감각적인 애정의 소유자이나 결코 자제심을 잃지 않는 사람으로, 이와 같은 장골부는 동정심이 많고 온후한 성질을 표시한다. 그러나 장골부가 짧고 금성구가 비대해 땅딸막한 모양을 하고 있으면 정신적 정조보다는 정욕이나 호색의 경향이 강하고 성격적으로도 격정, 오만, 횡포, 완고 등의 강한 성질을 나타낸다. 유혹당하거나 스스로 타락하여 퇴폐업에 종사하는 여성 중에는 장골부에 해당하는 금성구가 지나치게 발달하여 무지의 제1지절과 제2지절이 짧은 여성이 많다.

이상으로 무지의 세 개 부분에 대해 설명했는데, 이를 종합하여 요약하면 이 세 개의 부분 중에서 가장 발달한 지절이 그 사람의 가장 발달한 성질을 표시하는 것이 된다. 예를 들면 길이나 살집의 측면에서 관찰했을 때 제1지절이 가장 발달했으면 지정의知情意 중에서 의지력이 가장 발달한 것이다.

5) 이상적인 무지

이상적인 무지는 그 길이나 굵기가 손 전체와 조화를 이룬 것이어야 한다. 무지 자체의 길이는 인지의 제2지관절에 이르는 것이 표준이다. 또 무지의 각 부분(제1지절, 제2지절 및 장골부)은 균형 있게 발달해 모양이 좋아야 한다. 이와 같은 무지는 지정의의 원만한 발달, 즉 정신적 조화를 나타낸다.

3. 단단한 무지와 부드러운 무지

무지에는 지관절이 부드러워 뒤로 젖혀지는 무지와 뻣뻣하게 굳어 젖혀지지 않는 무지의 두 종류가 있다. 그리고 단단한 무지와 부드러운 무지는 각각 그것이 표시하는 의의에 큰 차이가 있다.

1) 부드러운 무지

지관절이 유연하여 뒤로 젖혀지는 무지는 일반적으로 솔직하고 순종적인 성격을 나타낸다.
　부드러운 무지의 사람은 인습이나 구습 등에 저촉되지 않는 자유스런 기질을 가진 사람으로, 타협과 융통의 재주가 있다. 사물에 대한 사고방식과 금전상의 일에 있어서도 너그럽고 씀씀이가 좋은 사람이다. 또 정서적인 경향이 강해 예술, 예능, 변설 방면의 일에 적합하다. 사람과 쉽게 친숙해지며 요령이 좋고 잘 돌아다닌다.

그러나 이와 같은 무지에 따른 결점은 성격이 약하다는 것이다. 자연환경과 자신의 처지에 쉽게 굴복하며 사치와 낭비의 경향이 있고 이재 관념이 모자라 돈이 모이지 않는다. 다소 과장과 허풍이 있고, 정의, 정직, 성실성 등이 부족한 사람이 많다. 이와 같은 무지를 소유한 사람의 지능선이 하향으로 커브를 그리고 있으면 상술한 성질은 더욱 강하게 드러난다. 그러나 의지력의 발달을 표시하는 지능선이라면 이런 종류의 무지가 표시하는 나쁜 소질도 웬만큼 수정된다. 그렇다고 해도 그것 역시 정도의 문제로서 단단한 무지가 표시하는 만큼의 의지력과 결의력에는 미치지 못한다.

여성의 무지가 부드러운 경우는 이 종류의 무지가 표시하는 성격이나 소질은 남자와 동일하나 그 의의에 있어 약간의 차이가 있다. 즉, 제1지관절이 유연하다고 하는 것은 대인 관계의 타협성과 융통성을 표시하는 것으로, 제1지관절이 부드러우면 제1지절이 상징하는 의지력에 영향을 주는 것이 되기 때문이다. 상술의 타협성과 융통성 등의 성격은 이 관절의 유연성에서 기인하는 것이다.

그러나 제2지관절이 유연한 경우는 환경과 처지에 대한 순응성을 나타내는 것이다. 제2지관절의 유연성은 제2지절이 상징하는 지성에 영향을 주어 자신이 놓여 있는 상태나 처지에 순응해야 한다고 자기 자신에게 타이르는 경향이 강하게 된다. 그러나 유연한 제1지관절의 경우에 비교하면 제2지관절의 유연성은 현실적이고 실제적인 경향이 강한 성격으로, 금전상의 거래 등에 있어서도 감정에 움직이는 일이 적다.

2) 단단한 무지

 지관절이 단단해서 뒤로 젖혀지지 않는 무지는 강한 개성의 소유자임을 나타낸다. 이와 같은 무지의 소유자는 유연한 무지를 가진 사람보다 의지력과 결단력이 강하다.

유연한 무지가 순종적이고 온화한 성질인 데 반해 단단한 무지는 반항적이고 압박과 간섭에 대해 한층 반발적이거나 투쟁적인 경향이 있다. 따라서 이 종류의 무지는 '반항적 성격의 외적 표현'이라 말한다.

유연한 무지의 사람은 주는 것에 충동적이지만 단단한 무지의 사람은 의견을 토로하는 것에조차 반향을 찾는 성격으로, 대단히 현실적이고 실제적인 동시에 상식적인 사람이다. 예를 들면 단단한 무지의 사람에게 금전이나 사업상으로 청탁을 하면 처음에는 쉽게 승낙하지 않거나 거절하는 듯하지만 차후 숙고하여 동의하는 것이다. 이 종류의 무지의 사람은 정치, 법률, 과학, 실업 방면 같은 실사회적인 일에 적합하다.

4. 무지의 장단長短

무지는 보통 인지의 제2지관절의 위치에 간신히 도달할 정도의 길이가 표준이다. 제2지관절보다 긴 무지는 감정보다 이성이 강해 의지력이 있고 실무적 재능을 가진 사람이 많다. 그러나 무지의 길이가 지나치게 길면 완강하여 사리에 어두운 면이 있음을 의미한다. 짧은 무지는 추리력이나 판단력, 이를테면 지성보다 감정이 강하고 의지력이 약한 성격을 표시한다.

5. 무지의 폭과 두께

무지의 폭이 넓으면 완미한 경향이 있음을 나타내고 좁으면 민감, 교활, 간지로 표현되는 음험한 경향을 나타낸다. 여기서 언급한 그 폭의 넓고 좁음이란 표준 크기 이상의 경우를 말한다. 살집이 두꺼운 무지는 소박하고 온건하며 신뢰할 수 있는 성질을 표시하는 반면 그 취미가 일반적으로 비천하다. 이것과는 반대로 살집이 얇은 무지는 신경과민, 소심, 야비한 성질을 나타낸다.

6. 무지의 형상

1) 큰 무지

무지 전체가 크고 모양이 좋으며 뒤로 잘 젖혀지지 않는 무지는 이지적이고 행동적인 성격을 표시한다. 진취적인 성격으로 사물을 생각하는 방법이 실제적이어서 한마디로 말하면 남성적 성격을 표시하는 것이다. 이와 같은 종류의 무지를 가진 사람은 대개 금운이 있다.

2) 작은 무지

무지 전체가 작고 지관절이 유연하여 뒤로 쉽게 젖혀지는 무지는 의지력이 모자라고 굴종적이며 감상적이고 퇴영적인, 대단히 소극적인 성질의 사람으로 금운에도 혜택받지 못한 경우가 많다.

3) 끝이 뾰족한 무지

첨두형의 손을 한 사람의 무지에 많이 나타나는 것으로 의지력이 모자라고 변덕이 심해 제멋대로 행동하는 성급한 성질을 나타낸다. 이와 같은 무지의 소유자는 불확실하고 신뢰하기 어렵다.

4) 곤봉형의 무지

곤봉형의 무지는 손가락 끝의 살이 두껍고 둥글어서 구근球根과 같은 형상을 하고 있다. 대개 제1지절이 짧고 손가락 끝의 폭이 넓은 경우가 많다. 이와 같은 무지를 가진 사람은 의지나 의욕 면에서 말하면 원시형의 손에 속하는 사람으로, 무분별하고 감정적이며 색을 밝히는 야비하고 광포한 성질을 띤다. 범죄인 등의 손에서 많이 볼 수 있으며, 일명 '살인자의 손'이라고도 불린다. 대단히 호색적이고 비외卑猥의 정을 일으키기 쉬운 부절제하고 방종한 성격의 사람이다. 요약하면 이 무지는 인면수심人面獸心의 표시라 볼 수 있다.

5) 개미 허리 모양의 무지

무지의 모양이 제1지절보다 제2지절이 가늘고 둥근 모양을 하고 있다. 이 무지의 사람은 사려나 지성은 모자라지만 상술과 기지, 권모술수나 사교 등의 재능이 뛰어나다.

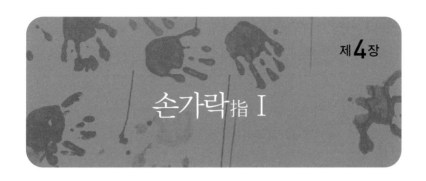

제**4**장

손가락指 Ⅰ

전장에서 해설한 무지를 제외한 나머지 네 개의 손가락에 관해 본 장에서 설명하고자 한다.

1. 4지四指의 장단

4지는 장단에 따라 그것이 표시하는 의미를 달리한다. 길고 짧음을 결정하는 것은 손바닥의 길이에 대한 상대적인 길이로, 일반적으로 손바닥의 길이에 대해 중지의 길이가 75% 내지 80% 정도 되는 것이 표준적인 길이다. 4지가 표준보다도 길면 정신적 경향이 강한 성질을 나타내고, 반대로 짧은 경우는 물질적 경향이 강한 성질을 나타낸다.

따라서 4지가 긴 사람은 사상이나 관념적인 사항에 대한 이해력이 빠르고 사물을 성심성의껏 신중하게 취급하는 경향이 있어 작은 일에도 세심한 관심과 주의를 기울인다. 또한 마음의 움직임이 세밀하고 분석적이다. 요약하면 정신적인 이해력 측면에서 짧은 손가락의 사람보다 뛰어나다.

표준보다 짧은 4지의 사람은 일반적으로 충동적이고 성급한 성질의 사람이다. 따라서 행동적인 결심과 결단력이 빨라서 실행력 측면에서는 4지가 긴 사람보다도 확실히 뛰어나다. 그러나 짧은 손가락의 사람은 세밀한 것을 싫어하고 모든 것에 대범해 신중함이 모자라는 단점이 있다.

손가락의 길이는 장단 모두 지나치면 나쁜 의미가 더 심화된다. 4지가 지나치게 길면 간섭과 탐색을 좋아하고 잔인하고 냉혹한 성격임을 의미하며, 반대로 지나치게 짧은 4지는 방종과 태만 또는 강한 이기심의 소유자임을 나타낸다.

2. 4지의 단단함과 부드러움

4지에는 지관절이 평평하고 매끄러워 전부가 뒤로 쉽게 젖혀지는 유연한 손가락과 지관절이 발달하여 마디가 굵은 단단한 손가락의 두 종류가 있다.

지관절이 유연하여 손가락이 손등으로 잘 젖혀지는 4지를 가진 사람은 일반적으로 마음이 개방적이고 숨기는 것이 없는 쾌활한 성질의 사람으로, 육감이 발달하여 상대의 마음을 사로잡는 것에 기민하며 대체로 이야기를 좋아한다. 타협성과 융통성이 있는 사람이지만 크든 작든 감정이나 기분에 지배되는 결점이 있다. 또한 직감적이고 충동적인 경향이 강해 숙고나 반성이 모자라며 순간적으로 떠오른 생각이나 감정에 따라 결론을 내리거나 단정하는 성질의 사람이다. 사물을 규율에 맞게 처리하거나 꼼꼼하게 정리하는 성질은 모자라지만 예술이나 예능 방면에 관심이 있는 사람으로, 여성의 경우에 있어서는 부드러운 마음과 짙은 애정을 나타낸다.

지관절이 단단하여 뒤로 젖혀지지 않는 4지의 사람은 감정보다 이성이 우수한 사람으로, 타산적이고 실리적인 성격을 갖추었다. 질서나 규율 등을 잘 지키는 꼼꼼한 성질로서 정에 끌리지 않는 절도 있고 냉정한 기질의 사람이다. 또 숙려나 반성을 하는 사람으로 충동적이거나 성급한 면이 없는 사려형의 사람이다.

지관절이 단단하여 4지가 내측으로 굽은 손의 사람은 마음의 움직임이 둔하고 사물의 요점을 빨리 파악하지 못하는 결점이 있으며 대체로 탐욕스럽고 비천하고 말이 없다. 또 내성적이어서 자신의 생각이나 기분에 집착하는 성벽이 있으며 개중에는 상처받기 쉬운 민감한 감정을 가진 사람과 겁이 많은 사람도 있다.

3. 손가락의 경사

손을 자연스럽게 폈을 때 4지 중의 어느 손가락이 옆의 손가락 쪽으로 기울어져 있는 경우가 있다. 이와 같이 손가락이 어느 한편의 손가락 쪽으로 기울어져 있으면 그 기울어진 방향의 손가락이 표시하는 요소가 혼입하는 것을 의미한다.

제2지 이하의 제3지가 제1지(인지) 쪽으로 전부 기울어져 있으면 패기나 야심에 불타는, 독립심이 강한 성격을 나타낸다. 이 사람은 자신이 의도한 목적에 대해 투쟁적이고 진취적인 기백을 갖고 있는 사람이다. 인지가 똑바로 외측을 향해 힘이 강하게 서 있으면 강한 독립심과 야심이 있는 지배욕이 왕성한 성격의 사람이며, 인지가 중지 쪽으로 기울거나 굽어져 있으면 우울한 성질의 사람이거나 불건전한 야심을 가진 사람이다. 또한 중지가 약지 쪽으로 기울어져 있거나 굽어 있으면 성격에 모순이 있는 사람으로 희희낙락하다가도 순간적으로 의기소침해지는, 기분에 지배받기 쉬운 사람이다. 중지 이외의 손가락이 전부 중지를 향해 기울어져 있으면 깊은 슬픔에 빠지거나 우울증에 걸리기 쉽거나 불건전한 욕구를 가진 사람이다. 약지가 소지 쪽으로 기울거나 굽어 있으면 그 사람은 자신에게 주어진 기술이나 예술적 재능을 영리적인 면에 잘 반영하는 사람이다. 이와 반대로 소지가 약지 쪽으로 기울거나 굽어 있으면 이 사람은 본래 물질적인 성향이 강한 사람으로, 실리적이고 현실적이지만 예술적 기질도 다분히 갖고 있는 사람이다. 자연히 이와 같은 사람은 사업이나 과학 방면의 일을 하더라도 예술적인 방면으로 향하는 경향이 강하다.

4. 4지의 간격

손가락을 자연스럽게 폈을 때 손가락과 손가락 사이에 생기는 간격에 의해서도 그 사람의 성질을 알 수 있다.

무지와 인지의 사이가 넓게 떨어져 있으면 관용적이고 대범한 성질로, 강한 독립심을 가진 사람이다. 인지와 중지의 사이가 넓게 떨어져 있으면 사물에 대한 사고방식과 판단에 주체성이 내재된, 다시 말하면 자기 자신의 확고한 생각과 사상을 가진 사람이다. 중지와 약지의 사이가 넓게 떨어져 있으면 환경과 처지에 구속받지 않고 자유로이 행동하는 사람이다. 약지와 소지의 사이가 넓게 벌어지면 자주적으로 행동하는 사람으로, 타인으로부터의 간섭이나 속박을 싫어한다. 인지와 소지가 떨어지고 중지와 약지가 밀착하면 외부로부터의 간섭이나 속박을 싫어하고 자주적으로 판단하고 행동하는 사람으로, 다가오는 미래를 준비하는 용의주도한 면이 있다. 4지가 부드러워 손가락이 전부 떨어지게 되면 습관과 인습에 구애받지 않는 자유스런 기분을 가진 사람으로, 행동적으로나 사상적으로 자유롭게 활동한다.

5. 4지의 기저선

4지의 기저선이라 하는 것은 손바닥과 손가락의 경계선에 있는 횡선으로 손가락의 가장 밑 부분에 있는 선이다. 이 기저선은 둥근 맛을 띤 완만한 활선을 이루어 4지의 근원을 연결하고, 손바닥과 손가락을 나누는 경계선이 된다. 4지의 기저선이 거의 일직선이면 온건한 조화를 갖춘 성질로 대체

로 성공을 암시한다.

인지의 기저선이 4지를 연결하는 활선에서 낮은 곳에 있으면 지배, 권력, 자신감, 패기 등을 상징하는 인지 본래의 의의가 감퇴되는 것을 의미한다. 이와 같은 기저선은 패기나 향상심이 모자라고 대단히 민감하여 상처받기 쉬운 성질을 나타낸다. 반대로 이 기저선이 보통의 위치보다도 높으면 권력욕이나 지배욕이 왕성하고 자신감과 향상심이 강한 성질을 나타낸다.

약지의 기저선이 표준 이하로 저하하여 있으면 비속하고 저급한 성질을 나타내는 것으로 세상에서 인정받거나 명성을 얻거나 성공하는 것은 거의 불가능하다.

소지의 기저선이 표준 이하로 내려가 있으면 상업이나 사업 또는 금전상의 문제로 운명의 저항을 받아 불운해지는 것을 나타낸다. 원래 소지의 기저선은 4지 중 다른 세 개보다도 조금 밑에 있는 것이 보통이지만 이 경우는 눈에 띄게 낮게 있는 것으로 타인을 이용하는 능력이 모자라는 경우이며, 개중에는 사기꾼에 속거나 사기를 잘 당하는 사람도 있다.

중지의 기저선이 표준 이하로 아래에 있는 경우는 거의 없다.

6. 4지四指와 건강

다섯 손가락 중 무지는 앞 장에서도 설명했듯이 사람의 성격을 파악하는 데 가장 중요한 것으로 만약 오른쪽 무지가 잘 발달해 있으면 신경중추가, 왼쪽 무지가 발달해 있으면 근육중추가 강한 사람이고, 양쪽 무지가 동시에 모두 발달한 사람은 문무를 겸비한 사람이다. 또 무지는 체내의 예비 알칼리를 나타내기도 한다.

인지가 긴 사람은 책략가로 지배력이 있고, 짧은 사람은 책임지기를 싫어한다. 인지는 또 간장이나 위, 비장, 췌장 등의 영양기관을 담당한다.

중지가 몹시 긴 것은 우울증이 있음을 나타내고, 짧은 것은 신중하지 못한 것을 나타낸다. 또한 중지는 체내에서 심장, 신장, 혈관을 담당하는 것으로 내성적 경향을 나타낸다.

약지는 신경 계통을 담당하는 것으로 약지가 긴 사람은 예술이나 과학 방면에서 유명인이 되려는 의욕을 갖고 있는 사람이다.

소지는 생식기와 폐를 담당하는 것으로 소지가 긴 사람은 실무적 능력이 뛰어나다.

제5장

손가락指 Ⅱ

1. 손가락의 개설

지금까지 우리는 4지의 총괄적인 원칙에 대해 살펴보았다. 따라서 본 장에서는 개개의 손가락에 관한 세부적인 사항을 관찰해보고자 한다.

4지는 다음과 같이 여러 가지 명칭으로 불린다.

인지 : 제1지, 식지, 목성지
중지 : 제2지, 중고지, 토성지
약지 : 제3지, 무명지, 태양지
소지 : 제4지, 수성지

하나의 손가락은 관절에 의해 세 부분으로 나누어져 있다. 이 세 부분은 위로부터 제1지절, 제2지절, 제3지절이라 부르며, 각 지절의 길이는 손가락을 굽혀보면 잘 알 수 있지만 위로부터 대략 2 : 3 : 4 의 비율로 나타나는 것이 표준이다.

2. 인지人指

개개의 손가락은 각기 다른 의미를 지닌다. 그리고 그 의미는 그 손가락 바로 밑의 구丘가 나타내는 의미와 동일하다. 예를 들면 인지는 그 바로 밑의 목성구가 상징하는 패기, 야심, 지배욕, 투쟁심, 향상심, 자신감 등을 의미한다.

1) 인지의 장단

인지의 길이는 중지의 제1지절 중앙에 이르는 것이 표준으로, 이보다 길고 굵은 인지는 권력을 좋아하고 향상심, 자신감, 지배욕 등이 왕성한 성격을 나타낸다. 그러나 그것이 지나치게 길면 폭군, 압제자, 혹은 극단적인 이기주의자가 되기 쉽다. 일견하여 표준보다 짧다고 생각되는 인지는 일이나 직무를 싫어하고 책임감이나 패기가 모자라는 소극적인 성질을 나타내지만, 완강하고 살집이 두꺼우며 손가락 끝이 비형으로 되어 있는 경우는 짧아도 예외다.

2) 인지의 지절과 그 의의

4지는 모두 세 개의 지절로 이루어져 있으며, 그 길이는 앞에서 언급했듯이 약 2 : 3 : 4의 비율로 나타나는 것이 일반적이다.

본 항은 상기 세 개의 지절 하나하나에 대한 연구이기는 하나 수상역시 다른 학문과 마찬가지로 이와 같은 세부적인 부분에까지 이르면 번잡하게 되어 특히 초학자들을 미로에 빠뜨리는 것이 아닌가 하는 두려움이 앞서지만, 지면을 할애하여 언급한 의도는 어디까지나 본서가 전문적인 연구를 지향한다는 취지에서 앞서 생각한 연구를 전승하여 유설 없이 기술하는 것이 본뜻이라 고쳐 생각한 것이다. 따라서 인지 이하의 손가락에 대해서도 각 지절의 해설은 똑같다.

① 인지의 제1지절
인지의 제1지절이 표준 이상으로 길면 직감력, 신앙심, 경건함 등이 있는 것을 의미한다. 그러나 반대로 이 부분이 보통 이하로 짧으면 지력에 의한 판단이나 인식력이 모자라고 회의적 경향이 강함을 나타낸다.

또한 이 지절이 크고 비대하면 관능적 경향이 강한 것을 나타내며, 습하지 않은 마른 모양을 하고 있으면 견고한 신앙심을 갖고 있음을 의미한다. 그 손톱이 젖혀져 폭이 넓게 되어 있는 손가락은 폐결핵, 마비증, 선병질 등의 질병에 걸려 있음을 표시한다.

② 인지의 제2지절
이 부분이 길고 모양이 명확하면 야심과 향상심이 왕성한 기질을 표시한다. 그러나 이 부분이 보통보다 짧으면 아무리 노력해도 성공할 수 없다.

③ 인지의 제3지절

제3지절 부분이 길고 크면 왕성한 지배욕과 권세욕이 있음을 의미한다. 그러나 그 길이가 표준 이하로 짧으면 생각이 깊고 궁리를 많이 하는 내성적인 성질의 소유자임을 나타낸다. 이 부분이 습기 없이 건조하면 인생의 환락을 멸시하는 경향이 강해 이를테면 금욕자나 고행자와 같은 성향을 띤다.

3. 중지中指

중지는 5지의 중심에 위치하므로 '인생의 중심을 상징하는 손가락'이라고도 말하며, 토성구에 뿌리를 두어 운명을 상징하기도 한다.

1) 중지의 장단

중지는 4지 중에서 가장 긴 것이 보통으로 이 손가락의 길이가 표준이면 신중, 세심, 사리 분별 등의 의미를 나타낸다. 그러나 그 길이가 눈에 띄게 길면 우울, 고독, 염세 등의 변질적인 성격을 나타낸다.

보통 이하로 짧은 중지는 천박, 경솔, 끈기의 결핍 등을 의미한다. 특히 짧은 중지의 손가락 끝이 뾰족한 경우가 그렇다. 또한 그 길이가 지나치게 짧으면 강한 히스테리나 살인적인 성격의 소유자임을 표시한다.

2) 중지의 지절과 그 의의

① 중지의 제1지절

중지의 제1지절 부분이 표준 이상으로 길고 손끝의 폭이 넓으면 성질이 신중하고 세심하며 주의가 깊은 것을 나타낸다. 반대로 제1지절이 보통 이하로 짧으면 복종심과 인내력이 약한, 유약한 성질을 나타낸다. 또한 이 부분이 얇고 마른 모양을 하고 있으면 회의심이 강한 음성적인 성질을 나타낸다.

② 중지의 제2지절

이 지절이 표준 이상으로 길면 기계나 과학 또는 농경이나 원예 등을 좋아하는 성질을 나타낸다. 따라서 이러한 직업으로 성공할 가능성이 가장 많다. 그러나 이 부분이 짧으면 성공을 약속할 수 없다.

③ 중지의 제3지절

이 부분이 지나치게 길면 빈곤과 인색한 성질을 나타낸다. 또 버릇이 없는 경향이 있지만 난행難行과 고행苦行을 좋아하는 일면도 있다.

4. 약지藥指

약지는 태양구의 뿌리에 있는 손가락이다. 따라서 태양구가 상징하는 예술이나 부富, 또는 인기를 나타내는 손가락이다.

1) 약지의 장단

약지의 길이는 중지 제1지절의 중앙에 이르는 것이 표준이다. 만약 약지가 표준보다 길면 문학, 미술, 음악, 예능 등 예술을 애호하는 성질을 표시한다. 또 명성이나 영예에 대한 의욕이 강하며 대체로 호운을 잡는 사람이다. 그러나 이 손가락이 눈에 띄게 길어 거의 중지와 같다거나 그 이상으로 길면 투기와 도박 성향을 가진 사람으로 금전욕이 강해 세간의 악평이나 추명을 듣는 경우가 많다.

약지가 표준 이하로 짧으면 영예나 명성 등에 무관심하고 예술에 대한 애호심 역시 없다. 대개 성질이 비속하고 활기가 모자라는 사람이다.

2) 약지의 지절과 그 의의

① 약지의 제1지절

이 부분이 보통 이상으로 길면 예술이나 미술 방면으로 고상한 취미를 갖고 있음을 나타낸다. 그러나 손가락 끝이 비대한 것은 관능적인 경향을 표시하는 것으로 육욕이 강함을 나타낸다.

② 약지의 제2지절

제2지절이 보통 이하로 짧은 손은 거의 성공하지 못하는 것을 의미한다. 또한 이 지절이 비대하면 실리적인 예술가임을 시사한다.

③ 약지의 제3지절

이 부분이 길수록 행운이나 성공을 암시한다. 그러나 제3지절이 보통 이하로 짧은 것은 상술과는 정반대의 의미를 지닌다.

5. 소지小指

소지는 수성구가 상징하는 웅변, 상재商才, 이지, 과학적 재능, 기민 등의 의미를 나타내는 손가락이다. 이 손가락은 또 사기, 허위, 절도 등의 성질을 나타내는 경우도 있다.

1) 소지의 장단
소지는 보통 약지의 제1관절에 이르는 것이 표준이다. 소지가 표준보다 길고 동시에 크면 상재가 뛰어나거나 표현력, 특히 웅변에 능함을 표시한다. 또 반성, 숙려, 왕성한 지식욕 등의 의미를 나타낸다.

그러나 나쁜 손의 경우 그 지식욕은 도리어 사악邪惡, 간계奸計, 책략策略 등으로 점철된다. 여기서 말하는 나쁜 손이란 손의 형과 더불어 감정선과 지능선, 그 외의 선 등을 종합해 판정한다. 과도하게 긴 소지는 권모술수, 사기, 허위 등의 부정한 성질을 표시한다.

보통 이상으로 짧은 소지는 마음의 움직임이 기민하여 환경이나 새로운 사태에 대한 순응력이 빠른 것을 의미한다. 그러나 소지가 약지의 제1관절을 뚫지 않는 것은 지배하기보다는 지배당하는 것을 표시하므로 일생 역경에서 헤어나기 힘들다.

2) 소지의 지절과 그 의의

① 소지의 제1지절
이 부분이 보통 이상으로 길면 면학과 연구를 좋아하는 성질로, 지절이 부풀어 있으면 문학을 좋아하는 것을 나타낸다. 이 부분이 보통 이하로 짧으면 부정하고 태만한 성질을 나타낸다.

② 소지의 제2지절
소지의 제2지절이 긴 것은 추리력, 지성, 생각 등의 의미를 나타내지만 짧은 경우는 방금 말한 재능이 모자라는 것을 의미한다.

③ 소지의 제3지절
이 부분이 보통 이상으로 길면 성공의 가능성이 있음을 암시한다. 그러나 이 부분이 지나치게 긴 사람이라면 허위나 사기 등의 부정한 성질은 의심할 여지가 없다.

제 6 장

손톱 爪

1. 손톱의 의의

손톱은 형상과 색깔로써 그 사람의 성격과 질병의 유전적 소질을 표시한다.

2. 손톱의 단단함과 부드러움

1) 부드러운 손톱

손톱이 매우 얇고 부드러우면 체질이 약하고 의지력이 모자라는 사람으로, 대부분은 병들었거나 허약한 몸이다. 또한 얇은 손톱의 끝이 뾰족하면 폐병에 걸리기 쉬운 체질임을 나타내는데, 만약 이와 같은 종류의 손톱에 몇 개의 세로줄이 보이면 결국 그 병으로 몸져눕게 되는 것을 의미한다.

대체로 얇은 손톱의 사람은 교활하고 음성적이며 부실과 변절, 그리고 가식적인 성질임을 시사한다.

2) 단단한 손톱

단단한 손톱은 부드러운 손톱과는 반대로 강한 체질과 의지력의 소유자임을 표시한다. 또한 단단한 손톱이 상향으로 젖혀져 있으면 비록 야심가이기는 하지만 그 품은 속뜻이 나쁜 것을 나타낸다. 단단한 손톱 끝이 뾰족하면 격정적이거나 정열적인 성격이 된다.

3) 탄력 있는 손톱

손톱은 너무 단단하지도 않고 얇지도 않은 탄력 있는 손톱이 이상적이다.

3. 조반월 爪半月

조반월이란 손톱의 근원에 나타나는 하얀 초승달 모양의 것으로 '작은 손톱'이라고도 부른다.

조반월은 하얗고 선명하게 나타나는 것이 가장 좋은 것으로 그 크기는 대개 손톱 길이의 1/5 정도가 표준이다. 조반월은 무지와 인지에는 나타나 있어도 중지 이하의 손가락에는 나타나지 않는 경우가 많다.

조반월이 거의 나타나 있지 않으면 심장이 약하고 혈액순환이 잘 안 되어 빈혈증에 걸리기 쉬우며 정력 또한 모자라는 체질임을 표시한다. 죽음에 가까운 환자의 손톱은 처음에는 조반월이 청색을 띠었다가 후에 흙색에 가까운 색으로 변한다.

보통 이상으로 큰 조반월은 심장의 움직임이 빨라 혈압이 높으므로 심장의 판막이 파열하거나 뇌일혈을 일으킬 위험이 있는 것을 나타낸다. 둘 중 어느 것인가는 손금에 의해서 예견할 수 있다. 즉, 이 손의 감정선에서 명료한 건강선이 출발하여 생명선을 끊고 있으면 심장의 위험을 표시하며, 제2화성구를 향해 달리는 지능선을 동반한 경우는 뇌일혈의 위험을 암시하는 것이다.

4. 손톱에 나타나는 종선 또는 횡선

1) 종선

손톱의 표면에 다수의 종선이 있으면 신체 전 조직의 약화를 의미하는 것으로 체력이나 기력의 감퇴를 말한다.

2) 횡선

손톱의 표면에 나타나는 횡선은 최초의 질병에 의한 신체 조직의 이상을 표시하는 것이다.

5. 손톱에 나타나는 반점

손톱에 나타나는 흰 반점은 체력의 감퇴나 건강 장애의 표시다. 이 반점이 손톱 면을 덮을 만큼 많이 나타나 있다면 이것은 신경쇠약의 징후를 의미하는 것으로, 만약 손의 살이 얇고 손바닥의 선이 전체적으로 약하면 신경쇠약증은 한층 강하게 된다. 대체로 흰 반점은 과로나 심적 피로에 의한 신경계통의 쇠약을 표시하는 것이지만 육체의 과로보다는 정신적 피로에 의한 경우가 더 많다.

흰 반점은 또 급격히 신경을 사용하는 경우에 종종 나타나는데, 흰 반점에 대해 몇몇 수상가는 행운의 상징이라고 설명하기도 한다.

검은 반점은 실패, 손실, 불운을 표시한다. 이 반점은 또한 확신 없는 무성격의 성질을 나타내기도 한다.

6. 손톱의 형상과 질병

1) 긴 손톱

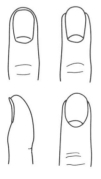 긴 손톱에는 대개 장방형과 편도형(아몬드형)의 두 종류가 있다. 대체로 긴 손톱의 사람은 체질이 약하고 감기를 비롯해 인후, 늑막, 폐장 등에 질환이 오기 쉽다. 즉, 상반신의 병에 걸리기 쉬운 사람으로, 특히 손톱의 표면에 다수의 종선이 있거나 손톱의 혈색이 나쁘면 혈액순환도 불량해 현

재 폐장이나 늑막을 앓고 있는 경우가 많다.

이와 같은 손톱을 가진 사람은 건강하게 보일지라도 감기나 폐렴 등에 걸리지 않도록 특별히 주의해야 한다. 긴 손톱이 위로 젖혀져 숟가락 모양과 같은 손톱도 상술한 질병에 걸릴 위험이 있다.

편도형이면서 조금 짧고 그것도 횡폭이 넓어 손가락 끝을 덮는 듯한 모양의 손톱이 있다. 이와 같은 종류의 손톱은 인후염이나 기관지 천식 등의 질병에 걸리기 쉬운 체질임을 말해준다.

2) 짧은 손톱

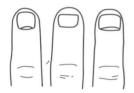

짧은 손톱에도 그 형상이 여러 가지 있지만 대개 구별하면 보통으로 짧은 손톱, 상하의 길이가 짧고 횡폭이 넓은 손톱, 작은 방형의 손톱, 삼각형의 조개 손톱 등이 일반적으로 많이 볼 수 있는 손톱이다.

짧은 손톱의 사람은 대체로 심장, 복부, 허리, 다리 등 하반신의 질병에 걸리기 쉬운 체질이다. 짧은 손톱에는 조반월이 나타나 있지 않은 경우가 많다. 설혹 나타나 있더라도 선명하지 않으며 그것도 아주 작은 경우가 대부분이다. 조반월이 전혀 없는 짧은 손톱은 심장의 움직임이 약하다는 것을 나타낸다. 특히 짧은 손톱의 손톱체가 얇고 손톱 뿌리가 청색 또는 자암색紫暗色을 띠고 있다면 그것은 일종의 심장병에 대한 경고다.

짧고 평평한 손톱으로 그 근원이 살로 파고들어 가 있는 경우는 신경통이나 중풍에 걸리기 쉬운 경향이 있다. 또한 손톱에 횡선이 나타나 있을 경우는 그 경향이 한층 강해진다.

삼각형의 손톱, 흔히 말하는 조개 손톱은 중풍이나 마비증에 걸리기 쉬운 체질을 표시한다. 손톱이 상향으로 젖혀져 있으면 그 경향은 더욱 강하게 되고 만약 이 손톱의 근원이나 손톱 전체가 청색을 띠고 있으면 병에 걸릴 위험률은 더욱 커진다.

3) 좁은 손톱

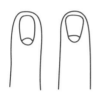 횡폭이 막힌 좁은 손톱은 척추가 약한 체질임을 의미한다. 이 손톱은 양측이 살로 파고들어 간 모양을 하고 있는 경우가 많고, 만약 이와 같은 종류의 손톱이 매우 좁고 세로로 굽어져 있으면 척추병의 위험이 있다. 특히 이 손톱체가 부드러운 경우는 이미 척추 신경에 고장을 일으키고 있는 경우도 있다.

7. 손톱의 형상과 성격

1) 긴 손톱의 성격

긴 손톱의 사람은 일반적으로 감수성이 예민하고 기분에 지배당하기 쉽다. 비평이나 탐색을 좋아하지 않고 이해력이 있다. 그리고 이상을 추구하거나 공상적 경향을 가졌다. 즉, 정신적 경향이 강한 예술적 분위기의 소유자다. 따라서 당면한 문제나 눈앞의 사태에 적극적으로 대항하는 강한 면은 없으나 온후하고 협조적인 성격을 가진 사람이다.

2) 짧은 손톱의 성격

 짧은 손톱의 사람은 대개 비판이나 토론에 뛰어나다. 탐색을 좋아하는 성질로, 따지고 반박하고 빈정거리는 사람 중에는 짧은 손톱을 가진 사람이 많다. 그러나 긴 손톱의 사람과 비교하면 현실적·물질적인 경향이 강하고 또한 민첩하여 직감이 예리하다는 특징이 있다. 반면 성급하고 협조성이 모자라는 결점이 있다.

똑같이 짧은 손톱 중에서도 세로보다 가로가 긴 손톱이 있다. 이런 종류의 손톱은 싸움을 좋아하고 논쟁과 반박을 즐기며 투쟁적인 면이 있다. 대개 강정, 완고, 집요 등 자아가 강한 성질을 표시한다.

앞니로 손톱을 물어뜯는 습관으로 인해 손톱이 짧아진 사람은 신경질적이고 몹시 흥분하기 쉬운 성질을 지니고 있다. 이런 종류의 손톱을 가진 사람은 일반적으로 신경조직이 쇠약한 편이다.

제7장

구(丘, 언덕)

1. 손바닥 구의 개설

장선掌線 판단에서는 어느 선이 어느 구에서 일어나서 어느 구를 향해 달리고 있는가 하는 점이 판단하는 데 중요한 열쇠가 되는 경우가 많다. 따라서 구의 위치나 의의를 충분히 이해하는 것이 수상 판단의 전제 요건이 된다. 또한 구의 명칭과 위치는 지극히 간단하므로 암기해두도록 한다.

1) 구의 명칭과 그 위치

구라는 것은 손바닥 표면의 융기한 부분을 말한다. 수상학에서는 이것을 아홉 개로 구분하여 다음과 같은 명칭을 붙이고 있다.

목성구 : 인지의 바로 아랫부분.
토성구 : 중지의 바로 아랫부분.

태양구 : 약지의 바로 아랫부분.

수성구 : 소지의 바로 아랫부분.

제1화성구 : 목성구의 바로 아랫부분.

제2화성구 : 수성구의 바로 아랫부분.

금성구 : 무지의 바로 아랫부분.

월구 : 제2화성구의 바로 아랫부분.

화성평원 : 사방의 구를 뺀 손바닥 중앙의 오목한 부분

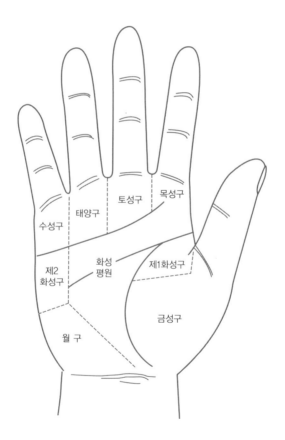

2) 구의 의의

구는 유전에 의한 선천적인 성질을 표시한다. 그러므로 근육 노동자나 수공예 등의 일에 종사하는 사람의 손은 비록 그 손바닥의 외피가 두껍더라도 그로 인한 구 자체의 본래 형태에는 변화가 생기지 않으며, 그 어떤 영향도 받지 않는다는 것을 기억해두어야 한다.

구는 면적이 넓고 탄력이 좋으며 적당히 융기한 것을 잘 발달한 구라 한다. 또 목성, 토성, 태양, 수성의 4구는 상술한 구의 조건 이외에 구의 중앙에 정점이 있는 것을 가장 이상적인 구라 한다. 여기서 말하는 정점이란 구의 표피에 새겨진 문양의 중심점에 해당한다. 확대경으로 보면 잘 알 수 있지만 그림과 같이 문의 물결이 세 방향에서 밀려 Y 자형으로 된 핵심부다.

구는 다음의 세 가지가 관찰의 기준이 된다.

첫째 잘 발달한 구, 둘째 발달하지 않은 구, 셋째 과도하게 발달한 구다. 잘 발달한 구는 그 구가 상징하는 좋은 성질도 더불어 발달하고 있는 것이 되며, 발달하지 않은 구는 그 구가 상징하는 좋은 성질이 빈약하고, 만약 구가 오목하게 되어 있으면 그 구가 상징하는 본래의 성질과는 반대의 성질을 갖고 있음을 시사한다. 과도하게 발달한 구는 그 구가 상징하는 나쁜 성질을 강조하는 것이다.

이상의 원칙은 대단히 추상적이어서 초학자들은 납득하기 어려울지 모르지만 다음에 설명하는 각각의 구에 대한 설명을 보면 잘 이해할 수 있으리라 믿는다.

손바닥 안에 있는 하나의 구가 다른 구에 비해 특별히 발달해 있으면 그 구가 상징하는 특질이 그 사람의 인생에 가장 우세한 영향력을 미친다는 의미가 된다. 그러나 이와 반대로 손바닥 안의 구가 모두 평탄하여 융기되어 있지 않으면 정력이나 체력, 정열의 결여를 의미하는 것이다.

하나의 구가 다른 쪽의 구를 향해 기울어져 융기하고 있으면 그 구에는 다른 구가 상징하는 성질이 혼입하여 존재하는 것을 나타낸다. 예를 들면 토성구가 목성구 쪽으로 기울어져 있으면 토성구가 상징하는 사려, 신중, 엄정 등의 성질에 목성구가 상징하는 야심, 지배, 패기와 같은 성질이 혼입하고 있는 것을 의미하는 것이다.

구의 관찰에 또 하나 주의해야 하는 것은 굵고 긴 손가락은 바로 그 아래의 구가 발달하고 있는 것과 같은 의미를 나타낸다는 점이다. 예를 들어 인지가 굵고 길어 좋은 모양을 하고 있으면 바로 그 아래에 있는 목성구가 융기하여 발달한 것과 같은 의미로 해석하며, 또 구에 많은 잡선이 새겨져 있으면 그 구는 발달하지 않은 구와 의미가 동일하다.

2. 금성구金星丘

금성구란 무지의 기저부에 위치하여 제1화성구와 상하로 인접해 있는 가장 큰 구를 말한다. 금성구는 성애, 온정, 관용, 찬미, 가정, 건강 등의 좋은 의미를 표시하는 경우와 음울, 무절제, 변덕 등의 나쁜 의미를 표시하는 경우가 있다.

1) 잘 발달한 금성구

잘 발달한 금성구는 그것이 상징하는 좋은 의미의 자질이 두드러지게 나타나는 것이다. 즉, 건전한 성애, 짙은 애정, 명랑하고 쾌활한 성격, 원만하고 협조적인 정신 등 좋은 성질을 가진 사람이다. 그러나 환경이나 타인의 영향을 받기 쉽고 다분히 충동적인 기분을 갖는 단점이 있다. 대체로 건강하고 조혼早婚하는 사람이 많다.

2) 발달하지 않은 금성구

이 구가 융기하지 않아 평탄하게 되어 있으면 이 구가 상징하는 좋은 성질도 발달하지 않은 것이다. 즉, 애정이나 동정심 등의 따뜻한 정이 부족하고 희망도 자기주장도 없는 퇴영적인 성질로 두뇌의 활동역시 둔한 사람이다. 대개 이 구의 발달은 왕성한 성욕을 표시하는 것으로, 만약 빈약하면 이것은 육욕이 결여되어 있음을 의미한다. 이런 종류의 구를 가진 사람은 일반적으로 불운하다.

3) 과도하게 발달한 금성구

지나치게 발달한 금성구는 이 구 자체가 상징하는 나쁜 자질의 발달을 의미하는 것으로, 예를 들면 무궤도한 정욕이나 변덕 그리고 부정직한 마음을 나타낸다. 이와 같은 구가 굵고 짙은 생명선에 둘러싸여 있으면 그 성질은 한층 정열적이고 격정적이 되어 멋대로 놀아나는 무절제의 도가 지나친 사람이다.

그러나 의지력의 발달을 의미하는 지능선이 나타나 있으면 그와 같은 악폐나 경솔함은 지능선에 의해 강하게 저지되므로 이 점도 고

려해야 한다. 그러나 지능선이 심하게 경사져 있으면 상술한 나쁜 경
향에 더욱 박차를 가하는 격이 된다.

4) 금성구 상의 표시와 그 의의

구 상에 나타나는 문형은 각각 그 의미하는 바가 다르다. 따라서 금
성구에 나타나는 문형의 의미를 관찰해보면 다음과 같다.

즉, 금성구 상의 반점은 불의의 재난이나 불행의 표시를 나타내고
삼각문이나 성문星紋은 독신 또는 불운한 애정을 나타낸다. 그리고
무지의 기저선이 두세 군데 끊어져 있으면 익사 또는 질식사하게 되
는 것을 암시한다.

3. 목성구木星丘

목성구란 인지의 바로 아랫부분을 말한다. 이 구는 지배욕, 권세욕,
패기, 향상심, 독립심, 도의심, 명예심, 신앙심, 호운 등의 좋은 의미
와 횡포, 오만, 허영, 부절제 등의 나쁜 의미를 표시한다.

1) 잘 발달한 목성구

구의 면적이 넓고 탄력이 있으며 적당히 융기하여 정점이 구의 중심
을 차지하고 있으면 잘 발달한 목성구가 된다. 이것은 다른 구에 대
해서도 똑같다. 이와 같이 잘 발달한 목성구는 상술한 구의 좋은 의
미가 발달한 것을 나타내는 것으로 지배욕, 향상심, 명예욕 등이 왕

성한 성격을 나타낸다. 또한 확고하게 목적을 수행하고자 하는 열정
과 활동력이 풍부한 사람이며 신앙심도 두텁다. 따라서 이와 같은 목
성구가 길게 뻗은 좋은 지능선을 동반하거나 방형 등의 좋은 손에 나
타나 있으면 사회적 성공과 행운을 약속한다.

2) 발달하지 않은 목성구

목성구가 융기하지 않아 평탄하거나 오히려 오목하면 이 구가 상징
하는 좋은 의미도 발달하지 않은 것이다. 즉, 패기나 향상심이 모자
라고 언론에 일관성이 없는 성질을 나타낸다.

3) 과도하게 발달한 목성구

목성구가 심하게 융기해 있으면 이 구가 상징하는 좋은 성질이 지나
친 나머지 오히려 나쁨을 표시한다. 즉, 오만, 횡포, 이기심 등이 강
하고 미신에 빠지기 쉬운 사람이다.

4) 목성구 상의 표시와 그 의의

목성구 상의 문형이 의미하는 바는 아래와 같다.

   수직선 : 성공을 약속하는 길상.

   횡단선 : 가정적 불행이나 비애의 표시.

   반점 : 야심이나 포부의 좌절에 의한 낙담이나 실망, 또는 명예와

          신용 실추의 예조.

   굵은 횡선 : 호기를 놓치는 예조.

삼각문 : 외교적 재능 또는 적응성의 표시.

성문 : 모든 표시 중에서 최상의 길상.

십자문 : 작고 명료히 새겨진 십자문은 행복한 결혼을 암시.

섬문 : 실패 외의 원인에 의한 야심이나 패기의 상실을 암시.

4. 토성구土星丘

토성구란 중지의 바로 아랫부분을 말한다. 이 구는 사려, 신중, 존엄, 면학 등의 좋은 의미를 표시하는 경우와 고독, 우울, 비사교성, 염세, 불운 등의 나쁜 의미를 나타내는 경우가 있다.

1) 잘 발달한 토성구

이 구가 상징하는 좋은 의미의 발달을 표시하는 것으로 사리 분별을 잘하고 신중한 성질이며 때로는 근엄하기조차 하다. 대개 사색이나 연구에 열중하는 경향이 있고 일을 열심히 한다. 그러나 배타적이고 세상일에 어두운 점이 있다.

2) 발달하지 않은 토성구

토성구가 평탄하거나 오목하여 발달하지 않으면 사려나 신중함이 모자라는 경박한 경향이 있는 사람이다. 또 덕의심과 정의감이 모자라는 사람이다. 이와 같은 구의 사람은 대개 평범하고 파란 없는 인생을 마치게 된다.

3) 과도하게 발달한 토성구

토성구가 상징하는 나쁜 의미의 성질이 발달한 사람이다. 즉, 음울하고 어두운 성격으로 고독하거나 염세적 경향이 강한, 비사교적인 성격의 소유자다. 대단히 동정심이 많고 근검절약하는 사람이지만 대체로 불운으로 끝나는 경우가 많다.

4) 토성구 상의 표시와 그 의의

토성구 상의 문형은 아래와 같은 의미를 나타낸다.

반점 : 불행, 불운의 표시로 개중에는 재해, 변사의 흉상을 나타내는 경우도 있음.
삼각문 : 신비학의 재능을 표시.
십자문 : 비참한 일의 발생이나 불상사 혹은 재난을 의미.
성문 : 중병, 중풍, 비업의 죽음, 살인의 표시.

5. 태양구太陽丘

태양구란 약지의 바로 아랫부분을 말한다. 이 구는 예술미, 표현력, 명성, 부富, 매력, 열정, 감수성 등의 좋은 의미를 표시하는 경우와 허식, 낭비 등의 나쁜 의미를 표시하는 경우가 있다.

1) 잘 발달한 태양구

이 구가 상징하는 좋은 성질의 발달을 의미하는 것이다. 즉, 직감이나 감수성이 예리하고 회화, 시, 문필, 음악, 조각 등 정서나 감정에 호소하는 방면의 일을 좋아하게 된다.

2) 발달하지 않은 태양구

평탄하거나 오목한 태양구는 이 구가 상징하는 좋은 성질도 발달하지 않은 것을 의미한다. 즉, 정열과 매력이 모자라는 사람으로 예를 들어 예술적 기분이 있어도 표현력이 부족하고, 수완이나 실력이 있어도 인기나 명성을 얻을 수 없는 것을 나타낸다. 요약하면 평범한 인생을 암시하는 것이다.

3) 과도하게 발달한 태양구

태양구가 지나치게 발달한 경우는 구 자체가 상징하는 좋은 성질을 넘어 그 반대의 단점이나 결함을 표시한다. 예를 들면 명성에 대한 불명성, 부에 대한 빈궁, 그리고 예술미에 대해서는 촌스러움 같은 것을 의미한다. 특히 허식과 허영심이 강하고 사치나 낭비벽 혹은 투기에 매달리는 성질을 표시하는 것이다.

4) 태양구 상의 표시와 그 의의

태양구 상의 문형은 다음과 같은 의미를 나타낸다.

수직선 : 행운이나 성공의 길상.

삼각문 : 빼어난 예술적 재능의 표시.

오목한 구멍 : 보조개 같은 오목한 구멍은 신장병의 암시.

가는 횡선 : 고장이나 방해의 표시.

성문 : 성공, 행운, 금운의 길상.

6. 수성구水星丘

수성구란 소지의 바로 아랫부분을 말한다. 이 구는 기지, 이재, 능변, 과학, 실업적 재능의 발달 등을 표시하는 경우와 그 반대의 허위, 사기, 도벽, 교활, 강욕, 불신용 등의 의미를 표시하는 경우가 있다.

1) 잘 발달한 수성구

이 구가 상징하는 좋은 성질과 재능의 발달을 표시하는 것으로, 예를 들면 이재 관념이 발달하여 돈벌이에 능숙하고 두뇌의 활동이 기민하여 상기商機를 잡는 재능이 탁월한 사람이다. 또한 언변에 능란한 웅변가형으로 과학적 재능에도 연이 있는 사람이다. 요약하면 수성구가 상징하는 물질적 재능에 혜택받고 있다는 의미다.

2) 발달하지 않은 수성구

수성구가 평탄하거나 오목하면 이 구가 상징하는 좋은 성질이 발달하지 않은 사람이다. 즉, 이재 관념이 모자라거나 상재商才가 없어 돈벌이에 서툴며 두뇌의 활동이 둔하고 동작에도 민첩성이 모자라는 성질의 사람이다.

3) 과도하게 발달한 수성구

이 구가 이상하게 융기하고 있으면 구 자체가 상징하는 나쁜 성질이
발달하여 있는 것을 의미한다. 예를 들면 강욕이나 공명심이 강한 위
선자로 거짓말, 사기, 절도 등을 태연하게 하는 부정, 불신용, 부실한
성질의 소유자임을 나타낸다.

4) 수성구 상의 표시와 그 의의

수성구 상의 문형이 의미하는 바는 다음과 같다.

　　수직선 : 실업 방면에서의 성공을 의미.
　　삼각문 : 외교나 정치 방면으로의 재능을 표시.
　　십자문이나 횡선 : 도벽증이 있음을 나타냄.

7. 화성구 火星丘

화성구에는 제1화성구와 제2화성구의 두 가지가 있다. 제1화성구는
목성구와 금성구의 중간을 차지하는 구이고, 제2화성구는 제1화성
구의 반대측에 위치하여 수성구와 월구의 중간을 차지하는 구를 말
한다.

1) 제1화성구

이 구는 용기, 진취력, 의지력, 강기, 끈기 등의 적극적인 성질을 표시하는 구다. 다른 구의 경우와 같이 이 구가 적당히 발달해 있으면 구 자체가 상징하는 상술의 기질이나 특질도 좋게 발달하지만, 반대로 평탄하거나 오목한 모양을 하고 있으면 상술의 기백이 모자라는 연약하고 겁이 많은 소심한 성격을 말한다. 그러나 이 구가 지나치게 발달해 있으면 거칠고 싸움을 좋아하는 강압적이고 성급한 성질을 갖고 있음을 표시한다.

2) 제2화성구

이 구는 인내력, 극기심, 자제심, 침착성 등의 수동적인 용기를 상징하는 구다. 이 구가 적당히 발달해 좋은 모양을 하고 있으면 상술한 내면적 용기가 풍부한 성격임을 표시한다. 또 만약 이 구가 발달하지 않은 경우는 제1화성구와 같이 연약하고 겁이 많으며 무저항적인 약한 성격을 표시한다. 지나치게 발달한 제2화성구는 완강하여 사리에 어둡고 집요한 성질을 나타낸다.

8. 월구月丘

월구란 소지의 바로 아래, 즉 수성구의 아랫부분을 말한다. 이 구는 상상과 공상, 미美에 대한 동경, 신비에의 관심 등을 상징한다.

1) 잘 발달한 월구

이 구가 적당히 팽창하여 융기되어 있으면 상상력과 공상력의 건전한 발달을 의미하는 것으로, 시, 문학, 음악, 미술 등을 좋아하고 또 그 방면에서 상상이나 공상의 재능을 발휘하는 사람이다. 그러나 월구가 잘 발달한 사람은 나태하거나 이기적인 단점이 있다.

2) 발달하지 않은 월구

월구 자체가 상징하는 성질의 결여를 나타내는 것으로, 상상력과 공상력 그리고 예술적 감각이 모자라고 사물에 열중하는 정열이 없는 비정하고 냉정한 성격의 소유자다.

3) 과도하게 발달한 월구

월구가 지나치게 융기하여 그 측면이 나올 만큼 발달해 있으면 상상력과 공상력의 도가 지나쳐 몽상이나 환상에 빠지기 쉽고, 광신狂信과 열광熱狂처럼 보통의 상태를 벗어나 성질이 광포하며, 개중에는 투시술과 예언 등에서 재능을 발휘하는 사람도 있다.

그러나 이와 같은 구는 지능선의 상태와 함께 관찰할 필요가 있다. 가령 지능선이 강하게 경사져 있거나 혹은 그 경사 지능선의 선단에 십자문이나 성문이 있으면 상술의 폐해가 한층 증대하여 발광 등의 위험이 있다.

4) 월구 상의 표시와 그 의미

월구 상의 문형이 의미하는 바는 아래와 같다.

성문 : 익사溺死하게 되는 것을 암시. 만약 이 성문이 월구의 측면
에서 손등으로 향하는 수평선과 연결되어 있으면 항해 중에
수난을 당하는 것을 예고.

섬문 : 몽유병자나 예언자의 암시.

삼각문 : 상재나 직감적 재능이 있음을 나타냄.

굵은 횡선 : 불행, 비애, 불안의 암시.

9. 화성평원火星平原

화성평원이란 손바닥 중앙의 오목한 부분으로, 구됴는 아니다.

1) 평탄한 화성평원

화성평원은 평탄한 것이 보통이다. 그러나 화성평원이 오목하게 보이는 것은 사방四方의 구가 크든 작든 부풀어 있기 때문이다. 따라서 평탄한 화성평원이 의미하는 바는 특별히 없다. 군이 말하자면 온화한 성질을 표시한다.

2) 현저하게 오목한 화성평원

화성평원이 평탄하지 않고 내려가 오목한 경우는 운세도 없고 생활력 또한 모자라는 것을 의미한다. 즉, 깊게 오목한 화성평원은 아무리 성실히 노력을 해도 큰 성공을 기대할 수 없다. 가령 불굴의 노력과 재능에 의해 어느 정도 성공을 이룩한다 할지라도 갑작스런 방해

나 외부의 저지로 생각지 못한 사태에 빠지는 파란만장한 운명의 소유자다.

3) 융기한 화성평원

화성평원은 좌우 양측에 화성구를 둔 평지로서 이곳에 살붙음이 좋아 융기해 있으면 불요불굴의 투쟁적인 정신과 오만한 성격을 표시한다. 바꿔 말하면 왕성한 생활력을 표시하는 것이다. 또 이 화성평원을 다른 관점에서 보는 것도 흥미가 있다. 즉, 화성평원은 지능선이 횡단하고 운명선이 종단하는 곳으로 양 선 모두 평원을 통과하는 부분은 유년법에 의한 청장년기에 해당된다. 따라서 지능선이 손바닥을 일직선으로 가로질러 융기한 화성평원을 통과하는 모양이면 청장년기에 있어서 생기에 찬 활동력을 엿볼 수 있다. 또한 운명선에 대해서도 똑같이 빛나는 청장년기의 운세를 암시한다.

제2부

손금掌線과
기호掌紋의 연구

제1장

손금 掌線

1. 손금의 일반적 원칙

1) 손금의 의의

손바닥의 표면을 가로세로로 달리는 선, 즉 손금은 우리의 수명, 체질, 질병, 상해 등에 관한 건강상의 문제나 운세의 쇠장, 결혼, 재운, 권력 등 운명적으로 발생하는 문제들을 불가사의하게 예고한다. 우리는 손금이 나타내는 이러한 예조를 통해 경각심을 일깨우고 또한 무언중에 운명의 암시를 받는다.

2) 손금의 변화

손금은 여러 가지 원인과 영향에 의해 차차 변화가 일어난다. 처지나 직업 등 환경적 원인에 의한 것과 신체의 모든 기관의 증강이나 고장, 그 외의 생리적 원인에 의한 경우가 있다. 그러나 손금 중에서 적어도 주요 선이라 일컬어지는 것들, 특히 생명선, 지능선, 감정선의 3대

주선은 거의 변하지 않는 것이 원칙이다.

3) 손금의 길이

손금은 선이 길면 길수록 그 선이 나타내는 본래의 의미를 강조한다. 이를테면 긴 지능선은 판단력, 추리력, 기억력 등이 뛰어남을, 긴 생명선은 튼튼한 체질과 장명長命을 시사한다. 그러면서도 손금은 단순히 긴 것뿐만 아니라 적당한 새김, 즉 깊지도 얕지도 않은 적당한 깊이로 새겨진 선이 바람직한 것이다.

4) 이상적인 손금

이상적인 손금은 적당한 깊이와 폭으로 한 줄로 명확하게 새겨진 긴 선이다. 만약 선에 끊어짐이 있고 혈색이 나쁘며 선 상에 섬이나 십자문 또는 반점 등의 불길한 문紋이 나타나 있는 경우, 혹은 선 자체가 변칙적인 모양을 하고 있으면 이러한 선은 모두 불량이 되는 것이다.

5) 손금의 좋고 나쁨

완전히 좋은 선은 선량한 성격과 순조로운 운명을 암시하지만 불량선은 그 결함에 대응한 무엇인가의 고장이나 위험 또는 불운을 암시한다. 그리고 선에 나타난 결함이나 파란은 그것이 클수록 시사하는 바가 큰 것이 원칙이다.

6) 복잡한 손금

손금은 복잡한 정신 활동이나 민감한 감수성을 가진 사람일수록 다양하게 나타난다. 그것은 하층의 근육 노동자나 지능이 낮은 사람들의 손에 새겨진 손금이 대체로 단순하고, 개중에는 겨우 두세 개의 선밖에 볼 수 없는 경우도 있다는 사실이 이것을 증명한다.

7) 좌우의 손금

좌우의 손에 완전히 동일한 선이 나타나 있는 경우는 드물다. 예를 들면 좌우의 생명선과 지능선은 그 모양에 있어 크든 작든 차이가 있다. 그리고 양 선의 이와 같은 차이는 서로의 단점을 상호 보완하고 있는 것이라는 점을 잊어서는 안 된다. 그러므로 수상 판단에 정확성을 기하기 위해서는 양쪽의 손을 면밀히 관찰할 필요가 있다.

2. 손금의 분류

손금에는 여러 종류가 있고 그 선의 중요성에 따라 다음과 같이 분류된다. 또 여러 선 중에서 생명선, 지능선, 감정선의 3대 주선을 일반적으로 '3대 선'이라 부른다.

  1) 생명선 : 체질과 질병을 표시.
  2) 지능선 : 지능력의 상태와 머리 부분의 질환을 표시.
  3) 감정선 : 심정과 심장의 강약을 표시.
  4) 운명선 : 운명의 쇠장을 표시.
  5) 태양선 : 성공과 금운을 표시.

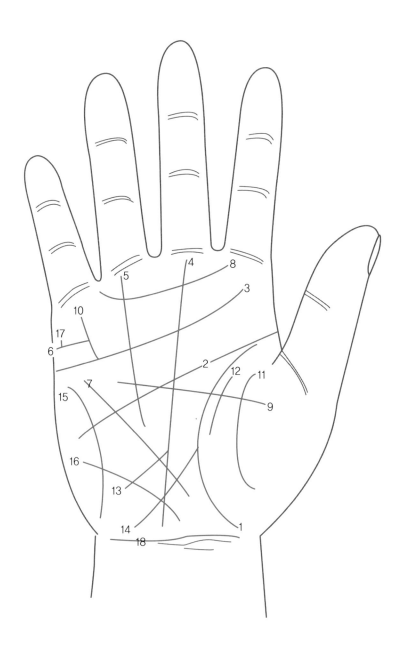

6) 결혼선 : 결혼 관계의 길흉을 표시.

7) 건강선 : 질병의 유무를 표시.

8) 금성대 : 다감한 성질과 정욕을 표시.

9) 장해선 : 운명의 좌절을 표시.

10) 재운선 : 행운과 금운을 표시.

11) 부생명선 : 생명선을 보강.

12) 인상선 : 애정 관계를 표시.

13) 영향선 : 결혼의 길흉과 그 시기를 표시.

14) 여행선 : 여행의 길흉을 표시.

15) 직감선 : 특이한 감수성을 표시.

16) 방종선 : 정력의 소모를 표시.

17) 생식선 : 생식능력의 강약을 표시.

18) 수경선 : 건강을 표시.

3. 손금의 색이 나타내는 의의

1) 창백한 선

손금이 총체적으로 혈색이 없는 창백한 색을 띠고 있는 것은 선병질의 사람이 안색이 흐린 것과 마찬가지로 건강한 체질과 기력이 모자라고, 일이나 사업에 대한 끈기나 결단력이 없는 사람임을 나타낸다. 보통 건강체는 담홍색이나 살구색 등의 좋은 혈색을 띠고 있다.

2) 적색 선

손금이 전체적으로 적색을 띠고 있으면 다혈질을 말하는 것으로 기력, 정력 등의 성질을 나타내는 것이다. 지나치게 붉은 선은 격정성과 광포성을 나타낸다.

3) 황색 선

황색을 띠는 선은 담즙질을 나타낸다. 이 선의 사람은 신경질적이어서 마음을 터놓기가 어렵거나 염세적 경향이 강한 사람이다. 간장병을 나타내는 경우도 있다.

4) 납색 선

손금이 납색을 띠고 있으면 우울하거나 음성적인 성질을 갖고 있음을 나타낸다. 일반적으로 말이 없고 집념이 강한 사람으로 굉장히 물욕에 강하다. 손가락 색까지 납색을 띠고 있는 사람은 이와 같은 경향이 더욱 짙다.

4. 손바닥 선의 형상

개개의 선이라고 하는 것은 하나로 새겨져 달리는 단선이 원칙이지만 실제로는 여러 가지 형상을 동반하는 복합선이 많다. 일반적으로 볼 수 있는 선의 형태에 대해 설명하면 다음과 같다.

1) 지선支線

하나의 선에서 분지 파생하는 모든 선을 지선이라 한다. 지선은 주선에서 상향으로 파생하는 지선과 하향으로 분지하는 지선의 두 종류가 있다.

상향의 지선은 그 주선의 의미를 강하게 하는 것이고 하향의 지선은 그 주선의 의미를 감소시키는 것이다.

2) 차상선叉狀線

선 끝이 둘이나 셋으로 나누어진 선을 차상선이라 한다. 선 끝의 모양이 좋은 차상으로 되어 있으면 그것은 선 자체의 의의를 강조하는 것이다.

3) 중단선中斷線

선이 도중에 끊어진 것을 중단선이라 한다. 이와 같은 선 상의 끊어짐은 그것이 어느 부분에 나타나든 그 선의 의미를 약화시키는 흉상이다.

4) 중복 중단선重複中斷線

끊어진 상하의 선의 양 끝이 이중으로 되어 있는 것을 중복 중단선이라 한다. 이와 같이 선이 중단한 곳이 겹쳐져 있는 것은 그 선의 의의가 계속되는 것을 의미하므로 중단선과 같은 흉상은 아니다.

5) 쇄상선鎖狀線

새끼줄 모양 또는 쇄상으로 이루어져 있는 선을 쇄상선이라 한다. 이 선은 대개 폭이 넓고 얕은 선으로 되어 있는 것으로, 선 자체의 힘을 약하게 하고 그 의의를 산만하게 한다.

6) 파상선波狀線

선이 굽었거나 구불구불하여 뱀이 기어가는 모양의 선을 파상선이라 한다. 이 선은 대개 선 자체의 의미를 약하게 하거나 불확정하게 한다.

7) 자매선姉妹線

본선에 붙어서 이중으로 병행하여 달리는 선을 자매선이라 말한다. 이 선은 본선의 힘을 강하게 하고 본선의 끊어짐과 결함을 보강하는 역할을 한다.

8) 총상선總狀線

선 끝이 불규칙한 모상선毛狀線에 의해 송이와 같이 되어 있는 선을 총상선이라 한다. 선의 끝이 송이와 같은 모양을 하고 있으면 그 선 자체의 힘을 감퇴시킨다.

제2장

°손바닥의 기호掌紋

1. 장문掌紋의 의의

장문이라는 것은 선線이 아닌 일종의 기호로 이것에 의해서도 앞날
의 길흉을 알 수 있다. 장문에는 여러 가지 종류가 있으며 그중에는
불의의 사건이나 급격한 변화를 예고하는 중요한 문도 있으므로 아
무리 미미한 문이라 하더라도 주의 깊게 관찰하지 않으면 안 된다.

　문은 구丘 상에 단독으로 나타나는 것도 있지만 선 상이나 선에 접촉
하여 나타나는 경우도 있다. 또 같은 종류의 문紋일지라도 그 모양이
불규칙하고 대소가 각기 다르며 나타나는 위치 또한 일정하지 않다.

2. 문紋의 종류

장문에는 여러 가지 형상이 있다. 다음에 열거하는 문이 가장 많이

볼 수 있는 것이다.

1) 삼각문

세 개의 선이 교차하여 형성하는 삼각형의 기호다. 구상에 나타나는 삼각문은 그것이 구의 어느 곳에 나타나 있든 그 구가 상징하는 의미를 더욱 강화시킨다. 그러나 선에 접촉하고 있거나 선을 일면으로 하여 형성된 삼각문은 그 선의 의미를 약화시키는 표시가 된다.

2) 사각문

네 개의 선이 교차하여 형성하는 사각형의 기호다. 이 문이 선 상에 나타나 있으면 흉사나 질병 또는 사망조차도 피한다는 의미다.

3) 격자문

여러 개의 선이 종횡으로 교차하여 형성한 격자형의 기호다. 이와 같은 격자문은 그것이 나타나는 위치에 관계없이 곤란, 고로, 방해 등의 의미를 표시한다.

4) 섬문

이 문은 보통 섬 또는 눈목자형目形이라 부르는 것으로, 선의 일부분이 팽창하여 형성된 눈 모양의 기호다. 섬은 선의 어느 곳에 나타나 있어도 그 선이 표시하는 의미를 약화시키거나 저해하는 불길의 상이다.

5) 십자문

 두 개의 선이 교차하여 형성한 십자형의 기호다. 대개 선 상에 나타나는 십자형의 문은 불길한 변화를 나타내는 것으로 곤란, 불행, 위험, 손실 등을 암시한다. 모든 문 중에서 선 끝에 나타난 십자문이 가장 흉측한 상을 표시한다. 다만 목성구에 나타나는 십자문만은 예외로 행운을 표시한다.

6) 성문星紋

 세 개 내지 네 개의 단선이 교차하여 형성하는 별 모양의 기호다. 성문은 대개 행운, 성공의 길상을 나타내지만 위치에 따라 흉상도 된다.

7) 반점

 이상에서 설명한 문은 모두 단편적인 선의 교차에 의해 형성되는 문이지만 반점은 선과 관계없이 나타나는 특이한 표시다. 반점에는 두 가지 종류가 있다.

하나는 피하의 주근깨 같은 작은 오점이고 또 하나는 연필 끝으로 찌른 것 같은 작고 오목한 것이다. 보통 잘 볼 수 있는 것은 후자로 대개 3대 선에 밀착하여 나타나는 것이 일반적이다. 이와 같은 반점이 선과 나란히 있으면 그 선이 표시하는 의미의 성장과 발달을 저해하는 것이다.

제3장

왼손左手과 오른손右手 보는 법

1. 좌우의 의의

수상은 옛날부터 남자는 왼손, 여자는 오른손을 관찰하는 동양류의 관상법이 넓리 행해져 왔으며 오늘날에도 여전히 이 습관이 뿌리 깊게 남아 있다. 그러나 근대의 진보한 수상학에서는 이와 같은 성별에 따른 관상법을 부정하여 남녀 모두 오른손을 주主로 하고 왼손을 종從으로 하는 관상법을 선택하고 있다. 다만 예외로 왼손잡이의 경우는 왼손을 주로 하고 오른손을 참고로 한다.

그럼 왜 오늘날에 와서는 예전의 성별 감별법을 부정하는가? 그 이유는 손과 두뇌의 상호 관계에서 성별 감별법은 아무런 논리적 타당성의 토대가 성립되지 않기 때문이다. 우리의 뇌수는 두뇌의 좌측, 즉 좌뇌 반구가 우뇌 반구보다 현저하게 발달되어 있으며 오른손, 즉 우수右手는 신경선을 통하여 잘 발달한 좌뇌 반구에 직결되어 있다. 이와 같은 사실로 말미암아 수상학에서 주로 관찰하는 오른손은 잘 발달된 능동적인 두뇌의 표상임을 나타낸다. 이것에 반해 왼손은 우뇌 반구에 연결되어 단순히 수동적인 두뇌를 반영하는 데 지나지 않는다. 이것이 곧 우수를 주로 하고 좌수를 종으로 하는 관상법의 과학적 근거가 되는 것이다.

2. 관상觀相의 방법

근대 수상학에서는 왼손은 선천적 또는 유전적 경향을, 오른손은 후천적 변화를 표시한다고 한다. 따라서 실지의 관상에 있어서는 우선 왼손으로 그 사람의 성격, 지능력, 운명 등의 선천적 경향을 탐지하고, 그 다음에 오른손이 표시하는 후천적 변화의 상을 읽는다. 이 경우 왼손과 오른손의 차이는 수상 감정의 중요한 열쇠가 되는 것으로 정확한 판단을 하기 위해서는 양자를 비교 대조하여 세밀하게 주의를 기울여야 한다.

예를 들면 어떤 길상이 왼손에는 나타나 있지만 오른손에는 전혀 나타나 있지 않은 경우가 있다. 이것은 이 사람이 선천적으로는 그 길상이 시사하는 좋은 경향을 가지고 있지만 현실적으로는 그것이 결실을 맺지 못하리라는 것을 의미한다. 마찬가지로 아무리 좋은 운명선과 태양선이 왼손에 나타나 있어도 오른손에 그것이 나타나 있지 않으면 그 사람의 운세가 아무리 강할지라도 현실에서 그 행복과 성공을 이룩할 수 없는 것을 말한다. 또 왼손의 지능선이 명료한 모양으로 길고 강하게 새겨져 있더라도 오른손의 선이 왼손보다 못하게 나타나 있으면, 비록 좋은 지능선의 의미가 잠재되어 있을지라도 왼손의 지능선이 표시하는 선천적인 명석한 두뇌력은 환경과 처지 등 외적인 요인에 의해 후천적으로 감소되는 것을 의미한다.

3. 좌우의 표시

손금에 동반된 표시, 예를 들면 생명선에 나타나는 끊어짐이나 태양선 상의 성문이 좌우 동일한 곳에 동시에 나타나 있으면 그 표시가 의미하는 바는 거의 확정적임을 나타낸다. 일례로 생명선에 죽음을 예고하는 끊어짐이 좌우의 손에 동일하게 나타나 있으면 그 끊어짐이 예조하는 사상死相은 확실한 것이라고 판정해도 좋은 것이다.

좌우의 손의 3대 선을 비교하여 양쪽의 위치나 구성에 큰 차이가 있으면 성격에 상당한 모순이 있는 것으로, 언행에서도 그러한 경향이 나타난다. 덧붙이면 이와 같은 상은 또한 환경상의 변화가 많다는 점도 빼놓을 수 없다. 이와 반대로 좌우의 선이 거의 똑같은 모양을 하고 있으면 그 사람의 선천적인 성격이나 소질은 그다지 변화하지 않는다고 할 수 있다.

제4장

유년법 流年法

1. 유년법의 개설

인간은 긴 생의 여로에서 결혼, 질병, 사망, 재해, 실패, 성공 등등 여러 가지 사태에 직면한다. 따라서 우리에게 있어서는 이러한 사태의 발생이 문제가 아니라 그 시기가 언제인가 하는 것이 항상 의문시되어 왔다. 수상학에서는 이러한 시기, 즉 사태 발생의 연령시를 예지하는 방법을 유년법流年法이라 부른다. 그러나 사실 유년법에 관한 내외의 문헌이나 기록은 예외 없이 간단하게 기술되어 있어 초학자들에게 만족스런 이해를 줄 만한 것은 거의 없다. 이것은 다시 말해 유년법의 해설이 얼마나 어려운 것인가를 증명하는 것이다.

유년법에 과학적 근거는 물론 없다. 완전히 경험에 의한 것으로, 어떻게 해서 그렇게 되는가 하는 질문에는 명쾌하게 답을 할 수 없다. 즉, 이론적인 설명은 불가능한 것이다. 따라서 유년법에 익숙해지기 위해서는 실지의 경험을 쌓아 터득하는 것 이외에 다른 방법은 전혀 없다. 왜냐하면 각 개인의 손은 그 크기와 길이에 있어 천차만별로 종류가 다양하기 때문이다. 따라서 방형의 손과 첨두형의 손의 유년을 볼 때에는 적당히 가감해서 보아야 한다.

유년법을 적용하는 대상 선에는 생명선, 지능선, 감정선, 운명선, 태양선 등의 선이 있다. 그중 가장 관계 있는 선은 생명선과 운명선이다.

2. 생명선의 유년법

생명선은 인지의 기저선과 무지와의 중간 지점에서 출발하여 무지구를 감싸면서 달리는 선이다. 거기서 생명선은 기점을 생년으로 하고 (1세로 하고) 말단을 90세로 한다. 그리고 이 전체 길이의 중간점을 40세로 본다. 대개 인간의 생명력이 가장 왕성한 정점에 이르는 시기는 40세 전후다. 이 40세 전후의 최전성기를 정점으로 하여 점차 후반의 노년기로 접어든다는 뜻으로 생명선 자체도 이 정점을 거쳐 후반부터 하향 곡선을 그린다.

따라서 유년을 취하는 방법은 생명선의 기점에서 손바닥 중앙을 향하여 힘차게 뻗어간 정점, 즉 생명선이 하향의 곡선을 그리는 지점의 조금 위쪽을 40세로 본다. 다음에 인지의 내측 끝에서 가상의 수직선을 그렸을때 상부의 교차점을 20세, 하부의 교차점을 90세로 한다. 이때의 가상 수직선은 외측의 수직선, 즉 인지에서 무지로 연결된 가상선과 병행하는 상정想定의 수직선이다. 다음에 인지 아래의

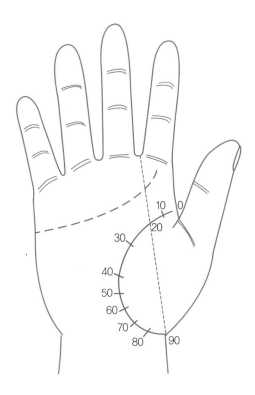

중앙, 즉 생년에서 20세까지의 중심점을 10세, 20세에서 40세까지의 중심점을 30세, 40세에서 90세까지의 간격을 5등분하여 순서대로 50세, 60세, 70세, 80세로 유년을 잡는다.

3. 운명선 및 태양선의 유년법

운명선은 제1수경선의 조금 상부에서 일어나 중지 밑의 토성구를 향하여 상승하는 선이다. 따라서 이 선도 그 기점에 따라 밑에서 위로

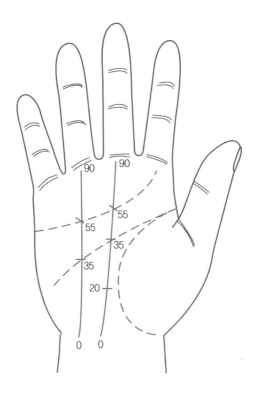

유년을 읽는다.

우선 일반적인 위치에 있는 건강선과 운명선과의 교차점을 20세로 한다. 그러나 건강선은 손에 따라 전혀 나타나 있지 않기도 하고 혹은 나타나 있어도 단선短線으로 되어 있거나 표준적인 위치에 나타나 있지 않은 경우가 더 많다. 이러한 경우는 가상으로 건강선을 그려보는 것이 좋다. 다음에 표준의 위치에 있는 지능선과의 교차점을 35세로 한다. 수상가에 따라서는 지능선과의 교차점을 30세로 하는 견해도 있다. 운명선이 20세에서 35세를 나타내는 이 부분은 인생에 있어서 가장 활동적인 시대를 상징하는 화성평원 내에 있기 때문에

훗날 이 사람이 출세하는가 아니면 실패하는가를 알 수 있는 선이므로 특히 운명선의 상태에 관심을 가져야 한다.

감정선과의 교차점은 50세 내지 55세로 되어 있지만 대체로 55세로 보는 것이 타당하다. 그리고 중지의 밑을 90세로 한다.

태양선의 유년법은 운명선에 기준한다.

4. 유년법과 주기율의 병용법

영국의 저명한 수상학자인 키로는 유년법과 함께 생일에 의한 운명의 주기율을 병용하여 유년 측정에 뚜렷한 효과를 얻은 바 있다. 키로에 의하면 이 방법은 주기율의 불가사의한 법칙에 기초를 둔 것으로, "나는 다년에 걸친 연구의 결과 놀라울 정도로 정확한 효과를 거둘 수 있었다"라고 말하고 있다. 여기에 이 병용법을 알기 쉽게 다음과 같이 생일에 의한 분류법, 운명의 주기율, 유년법과 운명의 주기율의 병용법의 3단계로 나누어 순차적으로 설명하고자 한다.

1) 생일에 의한 분류법

생일에 의한 운명의 주기율을 아는 전 단계의 조치로서 우선 1일에서 31일까지의 생일(양력)을 아홉 개로 구분한다.

이 분류법을 간단히 설명하면 1일에서 9일까지의 생일은 그대로 하고 10일에서 31일까지의 생일은 각 자리의 숫자를 더하면 된다. 예를 들면 10일생은 $1+0=1$, 29일생은 $2+9=11$, 여기서 또 각 자리의 수를 더해 1+1=2 등과 같이 하면 1일에서 31일까지의 생일은 모두 아홉 가지로 분류된다. 이것을 표로 나타내면 아래와 같다.

생일의 분류표

분류계수	1	2	3	4	5	6	7	8	9
생일	1	2	3	4	5	6	7	8	9
	10	11	12	13	14	15	16	17	18
	19	20	21	22	23	24	25	26	27
	28	29	30	31					

2) 생일에 의한 운명의 주기율

운명의 주기율이란 인간 운명의 쇠장은 주기적으로 되풀이된다는 체험적 관념에 의한 것으로, 과연 몇 세에 사건이나 환경의 변화 그리고 길흉의 전기가 되는 일이 발생할 확률이 가장 높은가 하는 주기(연령)를 태어난 날에 의해 산출한 것이다. 이것은 키로에 의해 만들어진 독창적인 것이 아니고 점성술占星術에서 유래되었다고 한다.

'태어난 날에 의한 운명의 주기율표'를 보는 법은 다음과 같다. 예를 들면 14일에 태어난 사람은 그 태어난 날의 분류 계수가 5다. 따라서 주기표의 분류 계수 5의 항을 보면 5, 14, 23, 32, 41, 50, 59, 68, 77세의 해가 운명의 전기나 길흉 등의 주기년에 해당된다.

그러나 각별히 주의해야 할 것은 여기서 언급한 태어난 날이란 모두 호적상에 신고한 날이 아니라 실제로 출생한 날이며, 주기년이란 동양류의 나이가 아닌 서양류의 만 나이를 가리킨다는 것이다.

주기표의 최하단에 게재한 숫자는 특히 확률이 높은 생월을 가리키는 것으로, 예를 들면 상술한 14일에 태어난 사람의 경우에도 하단에 나타난 6월과 9월의 14일생 사람이 특히 확률이 높다는 뜻이다.

생일에 의한 운명의 주기율표

분류계수	1	2	3	4	5	6	7	8	9
환경의 변화와 사건이 가 장 많 은 연 령	1	2	3	1	5	6	2	8	9
	7	7	12	4	14	15	7	17	18
	10	11	21	10	23	24	11	26	27
	16	16	30	13	32	33	16	35	36
	19	20	39	19	41	42	20	44	45
	28	25	48	22	50	51	25	53	54
	34	29	57	28	59	60	29	62	63
	37	34	66	31	68	69	34	71	72
	43	38	75	37	77	78	38	80	81
	46	43	84	40		87	43		
	52	47	93	46			47		
	55	52		49			56		
	61	56		55			61		
	70	70		58			65		
				64			70		
				67			74		
				73			79		
확률월	1	1	2	1	6	5	1	1	4
	7	7	12	7	9	10	7	2	10
	8	8		8			8	7	11
								8	

3) 유년법과 주기율의 병용법

이 병용법을 예로 들어 설명하면 다음과 같다. 어떤 사람의 생명선이 그림과 같이 명백하게 끊어져 있다고 하자. 이것은 곧 그 사람의 생명에 위기가 닥치게 되는 것을 의미한다. 따라서 그 끊어진 지점을 생명선의 유년법에 의하여 추정해보면 대략 30세 전후일 것으로 생각된다고 하자. 이와 같은 경우에

앞에 게재한 '태어난 날에 의한 운명의 주기율표'가 응용되는 것이다.

이 사람의 태어난 날이 29일이라고 하면 그 분류 계수는 2가 된다. 따라서 주기표의 2항에 의해 30세에 가까운 25세, 29세, 34세가 가장 다사한 인생의 전환점 또는 길흉의 해가 되는 것이며, 이 중에서 29세가 유년법이 나타내는 30세 전후에 가장 가까운 연령임을 알 수 있다. 따라서 생명선의 끊어짐이 암시하는 생명의 위기가 29세가 되는 해에 발생한다고 추정할 수 있다. 더욱 이 사람의 태어난 달이 1월, 7월, 8월 중에 있다고 하면 이 추정 연도는 점점 확률이 높아지게 되는 것이다.

제5장

생명선生命線

1. 생명선의 일반적인 원칙

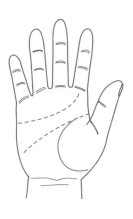

1) 위치

생명선이란 인지의 기저선과 무지의 중간 지점에서 출발하여 무지구拇指球를 둘러싸고 달리는 선이다. 수상학에서는 이 선으로 생명력의 강약과 건강 상태 및 질병의 유무를 본다.

2) 장단

생명선의 길이는 자연적 수명 또는 유전적 수명을 나타낸다. 여기서 말하는 자연적 수명이란 불의의 사고에 의한 급사急死나 질병에 의한 죽음 또는 발광發狂이나 그 외의 원인에 의한 자살 등을 제외한, 그와 같은 사태가 일어나지 않으면 그때까지는 살 수 있다고 하는 의미의 수명을 뜻한다. 따라서 생명선이 길고 선명한 것은 원칙적으로 장수長壽를 의미하지만 그것을 결정적으로 믿어서는 안 된다.

수명의 장단은 생명선을 비롯하여 다른 선과 장문 등에 나타난 표시를 함께 보아 결정한다. 다시 말하면 사람의 수명은 생명선의 상태를 기본으로 하여 다른 선과 문 등을 종합하여 고려해야 정확한 판단을 할 수 있다는 것이다. 가령 생명선을 건강선이 끊고 있는 경우, 두 선의 길이와 굵기가 같게 나타나 있으면 그 끊어진 시점이 죽는 시기가 된다. 그러나 이와 같은 생명선의 장단 그 자체가 확정적인 수명을 표시하는 것은 아니다.

생명선이 손바닥 속으로 깊게 내달리어 아름다운 활선을 그리고 있으면 왕성한 생명력과 강건强健한 체질을 나타내지만, 이와 반대로 무지구를 좁히면서 내려오는 생명선은 불건강과 허약한 체질을 말한다. 즉, 생명선의 만곡도彎曲度의 강약이 그대로 체질의 강약을 나타내는 것임을 알 수 있다.

3) 좌우

질병의 시기나 사기死期를 판단하는 경우 반드시 양쪽의 손을 보아야 한다. 예를 들어 어느 한쪽의 생명선이 끊어져 있더라도 다른 쪽의 생명선이 끊어져 있지 않으면 그 끊어짐이 있는 유년에 중태에 빠질 정도의 병에 걸리지만 좌우 모두 동일한 곳이 명백하게 끊어져 있으면 그것은 거의 확실하게 사망을 예고하는 것이다.

4) 표시

생명선 상에 나타나는 끊어짐과 섬 및 십자문, 그 외의 불길한 문이 점점 엷어져 없어지면 건강이나 질병도 자연히 회복된다. 원래 사람의 건강 상태는 손바닥의 색깔과 손톱의 상태, 그 외의 선 등에서도 표시가 나타난다. 생명선의 폭이 넓고 얕으면 외관은 강건한 체질로 보여도 명료하고 좁고 깊은 생명선만큼 좋은 선은 아니다.

폭이 넓고 얕은 생명선은 육체력을 가진 사람의 손에서 잘 나타나며, 깊고 좁고 명료한 생명선은 기력과 의지력의 소유자에게서 많이 나타난다. 이와 같은 사람은 질병이나 과로에 대한 저항력이 강한 반면 전자는 저항력과 정신력이 모자란다.

5) 색깔

생명선은 살색과 담홍색을 띠고 있는 것이 가장 양호한 건강 상태를 나타낸다. 반면 선에 혈색이 없으면 기력이 모자라고 허약한 체질을 표시하며, 붉은색을 띤 생명선은 강건한 체질을 나타내지만 지나치게 붉으면 성격이 거칠게 된다. 또 납색을 띤 생명선은 인정 없고 잔인한 성격을 나타내는 것이다.

6) 기점

생명선은 무지와 인지 밑선과의 중간 지점에서 출발하는 것이 보통이지만 이 선이 표준 위치보다 높게 발원하고 있으면 그 사람은 자제력 있는 패기에 찬 생애를 보내는 사람이다. 이것에 반하여 생명선이 표준보다 낮게 출발하고 있으면 패기나 자제력이 모자라는 사람이다.

2. 생명선의 여러 가지 형상

1) 긴 선과 짧은 선
생명선의 장단은 다음과 같은 의미를 나타낸다.

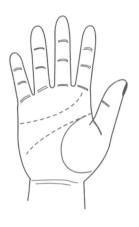

① 생명선이 손바닥에 깊게 새겨져 있는 경우
건강한 체질과 장수를 시사하는 선이다. 이런 종류의 선을 가진 사람은 질병에 대한 저항력이 강하고 성욕 또한 왕성하다. 이와 같이 손바닥에 깊게 만곡한 생명선의 말단이 수경선에 이르는 경우도 같은 의미를 나타낸다. 그러나 어느 경우도 한 줄로 강하고 선명하게 새겨진 혈색이 좋은 선이 아니면 상술의 의미가 약해진다.

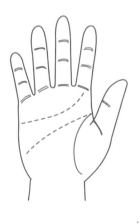

② 생명선이 무지에 접근해 있는 경우
이 생명선은 만곡도가 거의 없어 선이 짧고 또한 무지구도 상대적으로 좁아진다. 이 상의 사람은 대개 허약한 체질로 성욕에도 열약하다. 따라서 움직임이 둔하고 소위 슬로모션형이다. 여자의 경우는 불임증이 많다.

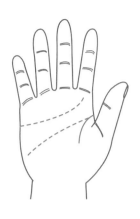

③ 생명선이 짧은 경우

생명선이 짧은 것은 단명의 상이다. 그러나 지능선 및 감정선이 동시에 길게 뻗어 그 선의 모양이 좋으면 반드시 단명한다고는 할 수 없다. 하지만 생명선이 좌우 모두 짧 다면 틀림없는 단명의 상이다.

2) 기점과 종점의 의의

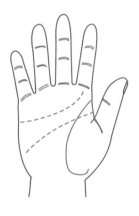

① 생명선이 인지의 밑에서 출발하는 경우

생명선의 기점이 표준보다 높으면 제1화성 구를 확대하는 것이 되어 투쟁력, 향상심, 결단력 등이 강한 것을 나타낸다. 또 이 선 이 감정선의 선단을 감싸는 형이면 목적 달 성의 길상이 된다.

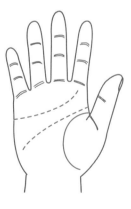

② 생명선이 무지에 접근해 출발하는 경우

생명선의 기점이 낮아 무지에 접근해 있으면 자제심과 극기심이 모자라는 성질을 표시한 다. 이러한 상의 사람이 젊은 사람이라면 싸 움을 좋아하고 반항적이며 면학의 야심이 모자라는 것을 나타낸다.

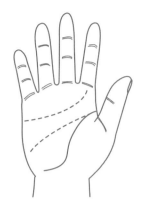

③ 생명선의 말단이 월구의 저부로 향하는 경우

직업이나 주거 등이 자주 변하는, 정착할 수 없는 성질의 사람이다. 또 여행벽을 가진 사람이 많고 여자의 경우 대다수가 불임증이다.

3) 하향의 지선支線

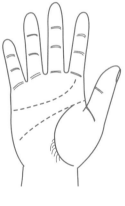

① 생명선에서 하향으로 다수의 세선細線이나 모상선毛狀線이 나타나는 경우

생명선으로부터 다수의 가느다란 모상선이 파생하면 체력의 감퇴와 쇠약을 표시한다. 생명선의 일부분에 세선 또는 모상선이 나타나 있다면 유년법에 의한 그 시기가 불건강, 불구, 정력 감퇴 등의 고장을 일으킴을 나타낸다. 모상선은 생명선의 내외에 나타나기도 한다.

② 생명선의 말단에 송이 모양의 모상선이 있는 경우

이와 같은 선은 활력과 정력의 소산을 의미하는 것으로 생명력의 고갈을 암시한다. 이

것은 생활의 파탄이나 섭생의 잘못이 원인이 되는 경우도 있지만 선천적으로 허약한 체질이 결국 종말에 이르는 것을 암시하는 경우도 있다.

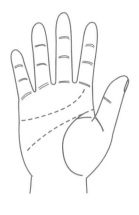

③ 생명선의 기점에서 분기한 지선이 제1화성구 내에 있는 경우

신경과민, 소심, 허영 등의 성질을 나타내는 것으로 만약 이 손의 손바닥이 딱딱하면 거친 성격이 된다. 이 지선은 생명선의 내측에서 출발하는 지능선과 같은 의미를 갖는다.

4) 상향의 지선支線

생명선에서 분기하는 상향의 지선은 모두 길상선吉相線으로, 이러한 지선은 그 지선이 도달하는 구의 영향을 받아 그 구가 상징하는 길상의 의미를 나타낸다. 예를 들면 목성구로 오르는 지선은 목성구가 상징하는 권력이나 지위를 얻는 것을 의미하고, 태양구로 오르는 지선은 태양구가 상징하는 인기나 재운의 성공을 보장받는 것을 나타낸다.

① 생명선에서 다수의 지선이 오르는 경우

대단히 정력적인 생애를 보내는 사람이다. 이러한 가는 지선이 지능선과 감정선을 뚫고 있다면 본인의 개인적 노력에 의해 성공하는 것을 암시한다.

② 생명선의 지선이 목성구에 이르는 경우
생명선 상의 어느 부분에서 출발하고 있어
도 그 지선이 목성구에 도달해 있다면 강한
분발심이나 야망을 소유하고 있음을 나타
낸다. 또 이 지선이 장해선 및 십자문 등을
동반하지 않는 강한 선이라면 권력, 지위,
부 등의 길운을 암시한다.

③ 생명선의 지선이 태양구에 도달하는 경우
생명선 상의 지선이 태양구에 도달한 경우
는 성공이나 금전운에 선택받은 길상이다.
그 성공이나 금운이 어떠한 방면에 의한 것
인가는 수형이나 지능선 등을 종합적으로
판단해야 알 수 있다. 또 수성구에 도달한
지선은 실업 또는 과학 방면에서의 성공을
암시하는 길상이다.

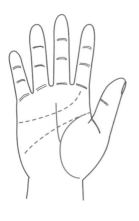

④ 생명선의 지선이 화성평원을 향한 경우
모든 고투 및 시련을 거친 후에 중년기에
이르러 노력이 결실을 맺는 상이다. 물론
이 지선이 명료하고 강력하게 나타나 있지
않으면 길상의 의미를 나타내지 않는다.

5) 생명선의 끊어짐

생명선의 끊어짐은 생명력의 고장이나 질병을 예고하는 것으로, 장해가 발생하는 시기는 그 끊어짐이 나타나는 생명선의 유년에 의해 추정할 수 있다. 또 생명선의 끊어짐이 좌우 동일한 곳에 나타나 있으면 중대한 의미를 예시한다.

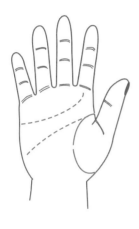

① 생명선이 도중에서 끊어져 있는 경우

생명선의 끊어짐은 그 간격이 클수록 비중도 크며, 이 끊어짐은 중태의 질병이나 병사를 암시한다. 그러나 약하고 빈약한 생명선이 토막토막으로 되어 있는 경우는 타고난 병약을 나타내는 것으로, 몸은 비록 약해도 죽음에는 이르지 않는 것을 의미한다. 그러나 강한 생명선이 도중에 명확하게 끊어져 있는 경우 그것이 시사하는 바는 크다.

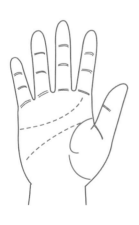

② 끊어진 위의 선이 금성구 안쪽으로 굽어 있는 경우

이것은 생명의 위기를 예고하는 것으로 끊어짐 중에서도 가장 나쁜 상이다. 이 상은 중태나 사망을 암시하는 것으로 양쪽 손에 이와 같은 중단선이 있으면 그것은 확정적인 사망을 나타낸다.

111

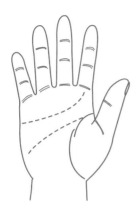

③ 생명선의 끊어짐이 이중으로 되어 있는 경우

중복하는 생명선의 끊어짐은 일시적인 병이나 건강 장애의 표시로 목숨에 관계되는 질환을 의미하는 것은 아니다. 그러나 상하로 떨어진 중복의 폭이 클수록 회복되기 어려움을 나타낸다.

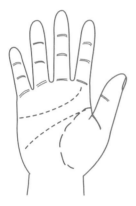

④ 생명선이 토막토막 끊어져 있는 경우

생애 중 종종 중태에 빠질 위급한 상황에 처하나 생명력이 어느 정도까지는 지속되는 것을 의미한다. 생명선이 도중에 엷어지는 경우도 어떤 병에 걸리는 것을 암시한다.

⑤ 운명선이 생명선을 보조하여 오르고 있는 경우

짧은 생명선은 단명의 상이지만 이와 같은 형으로 운명선이 그것을 보강하고 있다면 강건한 체질을 표시한다. 단, 여성은 고집이 센 것이 흠이 될 수 있다.

⑥ 생명선이 상하로 운명선에 흡수되어 있는 경우

이 상의 사람은 위기에 빠질 정도의 중병에 걸리지만 강한 운세에 의해 기적적으로 목숨을 건지는 사람이다. 이 선은 그러한 의미를 표시한다.

6) 쇄상鎖狀 또는 파상波狀의 생명선

생명선이 어지러워 선명하지 않다든가, 혹은 토막토막으로 되어 있다든가, 쇄상 또는 파상형의 불량선은 약한 체질과 무기력을 나타낸다. 그러나 단단한 손의 경우는 그 손의 형 자체가 튼튼한 체질을 표시하고 있으므로 같은 불량한 생명선일지라도 똑같이 허약한 체질을 나타내는 것은 아니다.

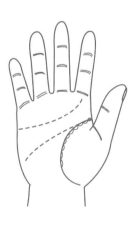

① 생명선 전체가 쇄상 또는 파상형을 하고 있는 경우

이런 종류의 불량의 생명선은 허약한 소화력이나 정력 결핍을 나타낸다. 또 이와 같은 생명선을 가진 사람은 소극적인 성질로 일에 끈기가 없고 대개는 고로가 많은 생애를 보낸다.

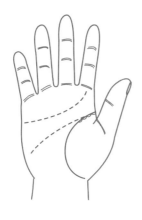

② 생명선의 기점 부분만 쇄상으로 되어 있는 경우

인지의 밑에 해당하는 부분, 즉 생명선의 기점 부분의 쇄상은 흔히 볼 수 있는 것으로, 많은 수상가들이 이와 같은 상을 유년기의 허약성을 표시한다고 말하지만 그것은 반드시 그렇다고 할 수 없다. 단지 명료한 선에 비교하여 열등하다고는 할 수 있다.

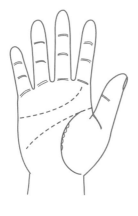

③ 생명선의 일부가 파상 또는 쇄상으로 되어 있는 경우

생명선의 일부분에 나타나는 이와 같은 어지러움은 질병, 건강 장애, 쇠약 등의 표시로 일시적인 증상을 나타낸다. 이와 같은 신체 장애가 나타나는 시기는 생명선의 유년법에 의해 추정한다.

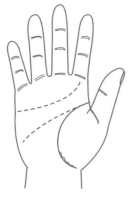

④ 생명선의 말단이 쇄상 또는 파상형으로 되어 있는 경우

생명선이 보통의 길이로 그 말단에 쇄상 또는 파상이 나타나 있다면 이것은 노년기의 건강 장애를 나타내는 것으로 이 경우는 대개 노쇠병의 예조다.

7) 생명선 상의 섬

생명선 상의 섬은 대단히 많이 볼 수 있다. 섬문은 그것이 나타나는 위치에 관계없이 주로 만성질환에 걸려 있음을 표시한다. 흔히들 섬이 나타나 있는 위치가 유년법에 의한 질병의 시기를 표시한다고 하지만 반드시 그렇다고 단정할 수는 없으며, 단지 현재 어떤 병에 걸려 있다고 보는 것이 바람직하다. 생명선의 섬은 그것이 클수록 병의 기간이 길어짐을 의미한다. 생명선의 섬은 또 병후病後 일정 기간 동안 없어지지 않고 남아 그 뒤의 쇠약을 나타내는 경우도 있으나, 병이 회복되면 섬은 점점 엷어진다.

① 생명선의 도중에 섬이 있는 경우
생명선 상의 섬은 위치가 어느 부분이든 건강을 해치는 상으로 그 시기는 생명선의 유년법에 의한다.

② 생명선의 기점 부분이 큰 섬으로 되어 있는 경우
대부분의 수상가는 출생에 얽힌 비밀을 시사하는 상이라고 해석하고 있다. 예를 들면 사생아라든가, 다른 부모 밑에서 양육되었다든가 하는 등의 출생 당시의 어두운 사정을 나타낸다는 것. 그러나 필자의 경험상 반드시 그렇다고 단정할 수는 없다.

8) 생명선과 사각문

생명선 상에 나타나는 사각문은 생명선의 힘을 보강하는 것이다. 또한 사각문이 둘러싸고 있는 부분에서 선이 중단되어 있거나 섬 등의 질병을 나타내는 상이 있어도 그것은 빠르게 회복되는 것을 의미한다.

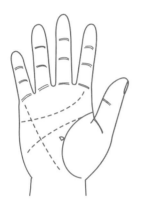

① 화성평원에 생명선과 접촉하는 사각문이 나타나 있는 경우

이 경우의 사각문은 격리의 의미를 나타내는 것이다. 예를 들면 입원, 금족, 투옥 등 일반 세상과의 격리를 암시한다. 금성구 내에서 생명선에 접촉하는 작은 사각문도 같은 의미를 나타낸다.

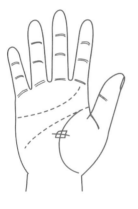

② 생명선을 자르는 장해선을 사각문이 둘러싸고 있는 경우

이 경우의 장해선은 질병이나 근심을 암시하지만 이와 같은 장해선을 사각문이 둘러싸고 있으면 장해는 크게 발전하지 못하고 평상으로 회복된다는 의미를 띤다.

9) 생명선과 그 외의 문紋

① 생명선 상에 반점이 나타나는 경우

생명선에 나란히 나타나는 반점은 체력이나 정력의 감퇴를 나타낸다. 생명선의 반점이 붉은색을 띠고 있다면 열병을, 암색 또는 자색은 급성 발병을, 그리고 흑색은 악질의 질환을 암시한다.

② 짧은 생명선의 말단에 십자문 또는 성문이 나타나는 경우

짧은 생명선은 단명의 상으로, 이 선의 끝에 십자 또는 성문이 있으면 그 단명은 불의의 위화 또는 발병에 의한 숙명의 흉사를 말하는 것이다.

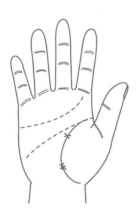

③ 생명선에 십자문 또는 성문이 있는 경우

이러한 문이 생명선 상에 나타나 있거나 선에 접촉해 있다면 불의의 재난 및 재해를 당하거나, 질병 등에 의해 생명의 위기에 직면하게 됨을 나타낸다. 사태가 발생하는 시기는 이러한 문이 나타나는 생명선 상의 위치를 보아 유년법에 의해 추측할 수 있다.

117

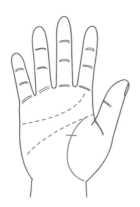

④ 생명선을 자르는 장해선이 있는 경우

이와 같은 단선은 단순한 건강 장애, 걱정사, 가정상의 분규 등을 암시한다.

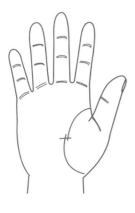

⑤ 생명선의 끊어짐을 짧고 가는 횡선이 연결하고 있는 경우

생명선의 끊어짐은 발병의 표시가 되지만 이 끊어짐을 연결하는 짧고 가는 횡선은 그 병을 빠르게 회복하는 것을 나타낸다.

제 6 장

부생명선副生命線

1. 부생명선의 개설

1) 위치

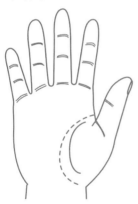

생명선의 내측을 달리는 선을 부생명선 또는 화성선이라 부른다. 이 선은 제1화성구에서 출발하여 생명선에 붙어서 달리는 선으로 대체로 깊고 굵게 나타난다.

생명선의 내측을 같은 모양으로 병행하여 달리는 선線 중에 인상선이 있다. 인상선은 부생명선과 비교하여 볼 때 선이 가늘고 그 발원의 위치가 낮은 것이 보통으로, 이 양 선을 혼동하지 않도록 주의해야 한다.

2) 의의

부생명선은 생명선의 힘을 강조하고 결함을 보강한다. 이 선은 과도한 정력과 질병에 대한 저항력을 표시할 뿐만 아니라 성격 또한 투쟁적이다. 따라서 이 선이 나타나 있는 사람 중에는 위험한 일이나 분별없는 돌진을 강행하려 하는 성격을 가진 사람이 많다. 만약 이 선이 여성의 손에 나타나 있을 경우에는 자유분방한 정열의 소유자임을 표시한다.

부생명선이 깊게 새겨져 적색을 띠고 있으면 그 손바닥의 다른 부분에 나타나 있는 흉상을 한층 강조하는 것이 된다.

3) 부생명선과 손의 형型

부생명선은 대체로 짧고 땅딸막한 방형이나 원시형의 손에 많이 나타나는 것으로, 건강하고 투쟁적인 성질을 나타내는 것이 보통이다. 그러나 이 선이 원추형의 손과 같이 얇고 긴 손에 있으면 체질은 전자와 같이 강건하고 병에 대한 저항력이 강함을 나타내지만 성격적으로는 침착하지 못하고 성급하여 쉽게 흥분하는 신경질적인 사람임을 의미한다.

2. 부생명선의 여러 가지 형상

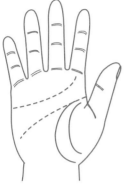

① 명료한 부생명선이 생명선과 나란히 선의 종단까지 병행하는 경우
강건한 체력과 투쟁적인 기력을 나타내는 것으로 장명長命을 시사한다.

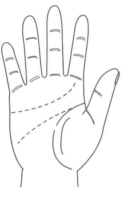

② 생명선이 끊어진 안쪽에 부생명선이 있는 경우
이와 같은 경우는 생명선의 끊어짐이 나타나는 유년에 질병과 사고로부터 보호받는 것을 의미한다.

제 7장

지능선知能線

1. 지능선의 개설

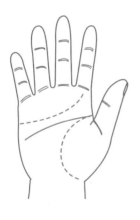

1) 위치

지능선이란 인지의 기저선(밑선)과 무지의 중간 지점에서 생명선과 가볍게 접촉해서 출발하여 화성평원을 횡단, 반대 측에 있는 월구의 중앙부로 완만하게 달리는 선으로, 이것이 일반적인 위치에 자리 잡고 있는 표준 지능선이다.

2) 분계의 의의

손바닥은 중앙을 횡단하는 지능선에 의해 천지天地, 상하上下의 두 개 부분으로 나뉜다. 상반부는 4지 및 목성, 토성, 태양, 수성의 4구로 구성되어 정신적 분야를 의미하고, 하반부는 손목 부근을 포함하여

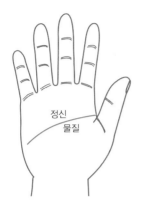

정신
물질

물질적 분야를 표시한다.

그런데 이 경계선을 이루는 지능선이 그림과 같은 표준선이면 중용적이고 온건한 보통의 성격을 표시하나, 이 표준선의 선단이 위로 올라가면 그만큼 하부의 면적이 확대되어 물질적 경향이 강한 성격을 나타내는 것이 된다. 이와 반대로 지능선이 표준위치보다 밑으로 경사지면 상부의 면적이 상대적으로 확대되어 정신적 경향이 강한 성격을 의미하게 된다.

이 원칙은 지능선을 관찰하는 경우에 있어 기본 개념이 되므로 충분히 유의해둘 필요가 있다.

3) 의의

지능선은 지능력(머리의 좋음과 창의)의 발달 상태나 두뇌에 관계된 일체의 질병을 표시하는 가장 중요한 선이다. 따라서 만약 지능선 자체가 빈약하다면 이 선 이외의 다른 선이 아무리 좋은 상을 하고 있어도 그 힘이 크게 감소된다. 또 수상 판단에 있어서는 지능선 이외의 선과 장문 등에 의한 오판보다도 지능선이 표시하는 의미를 파악하는 방법의 부족이나 오판에서 생기는 오류가 더 큰 비중을 차지하므로 이 점은 특히 주의해야 한다. 예를 들면 아무리 좋은 태양선과 운명선이 나타나 있어도 그 손의 지능선이 빈약하면 그러한 길상선이 시사하는 행운이나 성공은 큰 것이 못 되고 또한 영속성도 없다. 그러나 초학의 사람들은 왕왕 지능선의 상태를 잊고 길상선에만 주의를 빼앗기는 경향이 있다.

지능선이 한 가닥으로 선명하게 새겨지지 않고 쇄상, 파상, 중단, 섬, 반점 등의 파문이 있든가, 혹은 선 자체가 이형異形 또는 변칙의 모양을 하고 있으면 두뇌에 어떠한 결함이 있는 것을 나타낸다. 따라서 불완전한 지능선은 명석한 지능력이 모자라고 추리력과 기억력이 약하며 또한 두뇌에 질환이 있음을 암시하기도 한다.

4) 장단

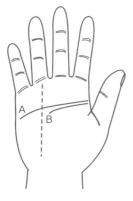

지능선은 대개 약지의 바로 밑, 즉 태양구의 중심에서 밑으로 가상 수직선에 이르는 것이 표준적인 길이로, 이 선 외로 뻗는 것은 긴 선이고(A), 선 내에 머무르는 것은 짧은 선이다(B). 긴 두뇌선은 뛰어난 지능력을 표시하지만 그 선이 깊고 명료하게 새겨져 있으며 선에 어지러움이나 파란이 없는 것이 아니면 그 의미가 퇴색된다.

여기서 말하는 지능력이란 비단 학문적 의미에서의 그것만을 가리키는 것이 아니고 넓은 의미의 정신 활동 일체를 말하는 것이다. 그리고 그 정신 활동의 방향이 물질적인가 아니면 정신적인가는 지능선 자체의 기점이나 달리는 방향에 따라 결정된다. 또 본서에서 자주 사용하는 물질적이라는 말의 뜻은 '현실적, 실리적, 실제적' 등의 의미를 나타낸다는 것을 기억해두기 바란다.

지능선 중에는 극단적으로 짧은 선도 있다. 그러나 지능선이 극히 짧고 작다고 하여 그 사람의 두뇌력이 박약하거나 저열하다고 단정해서는 안 된다. 지능선이 겨우 토성구의 하부에 도달하든가 혹은 도달하지 않는 짧은 선일지라도 보통의 일반인과 그 지능력이 비슷한 것은 분명한 사실이기 때문이다. 다만 그 사람의 정신 활동은 상상력이 크게 부족하고 성격적으로도 물질적 경향이 강하며 주의력이 산만하여 일 등에 영속성이 없는 것이 특징이며, 이와 같은 사람들은 대체로 명이 짧고 급사하는 경향이 강하다. 지능선이 전혀 나타나지 않은 손은 극히 드물지만 만약 손에 지능선이 없는 사람은 위화나 재난 등으로 급사하는 경우가 대단히 많다.

5) 깊이와 색깔

지능선이 깊고 선명하게 새겨져 있으면 이는 강한 정신력과 기력을 나타내는 것이다. 의지력이나 용기는 지능선의 깊이에 비례한다고 말할 수 있다. 지능선의 폭이 넓고 얕으면 정신력보다 육체력이 발달되어 있음을 표시한다. 지능선이 혈색 없는 폭넓은 선으로 되어 있든가 또는 선 자체가 빈약하면 무기력, 우유부단, 나태, 지둔, 주의력 산만, 바람기 등등의 성질을 표시한다. 적색을 띤 지능선은 정력가이지만 지나치게 붉으면 중풍이나 간질병에 걸릴 위험이 있다.

2. 기점 및 종점

지능선의 모든 실상을 연구하기 전에 이 선의 기점 및 종점이 표시하는 의미를 이해하는 것이 중요하다. 지능선의 기점과 종점의 의의를 충분히 파악하고 있으면 지능선에 관한 판단상의 반은 달성하는 것이 되기 때문이다.

1) 기점의 의의

지능선은 요약하면 다음의 세 가지 중 하나가 그 시작점이 된다.

첫째 지능선의 기점이 생명선과 떨어져 출발하는 경우, 둘째 지능선의 기점이 생명선과 결합하여 출발하는 경우, 셋째 지능선이 생명선의 내측에서 출발하는 경우다. 지능선은 발원의 상태, 즉 기점의 위치에 따라 성격적인 특질이 상이相異하다.

1)-1. 지능선이 생명선과 떨어져서 출발하는 경우

기점이 생명선과 떨어져서 출발하는 지능선에 있어 그 떨어진 정도, 즉 간격의 넓고 좁음에 따라 아래와 같이 의의상에 차이가 생긴다.

① 지능선이 생명선과 조금 떨어져서 출발하는 경우

지능선이 생명선과 대단히 근소한 간격을 두고 발원하고 있으면 과단, 독립, 실행력 등의 의미를 나타내는 것으로, 강한 자신감과 극기심을 바탕으로 목적 관철에 돌진하는 강한 성격을 나타낸다. 생존경쟁에 대담성이 있고 다른 사람에게 지배당하거나 구속받는 것을 싫어한다.

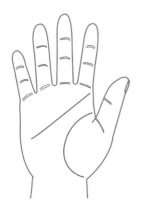

② 지능선이 생명선에서 멀리 떨어져서 출발하는 경우

생명선과 조금 떨어져 출발하는 지능선은 길상이지만 양자의 기점의 열림이 큰 만큼 무사려無思慮적이고 저돌적인 행동을 하고 흥분을 잘하는 성질을 표시한다. 이런 지능선을 가진 사람은 경계심이 거의 없고 감수성이 모자라며 아무런 생각이나 계획 없이 일을 하는 경향이 있다.

기점의 간격이 넓을수록 이와 같은 경향이 더욱 강해지며 간격이 지나치게 넓으면 뇌일혈, 히스테리, 불면증, 그 밖의 뇌 질환에 걸릴 위험이 있다. 크게 열린 지능선 자체에 많은 섬이 나타나 있거나 끊어짐, 모상선 같은 불량한 표시가 있으면 자살이나 발광하는 일도 있다.

1)-2. 지능선의 기점이 생명선과 결합하여 출발하는 경우

지능선의 기점이 생명선에 접촉하고 있으면 민감성, 신중함, 자신감 등이 결여되어 있음을 나타낸다. 이와 같은 지능선을 가진 사람은 매사에 조심성이 많고 자신의 역량과 재능을 낮게 평가하는 경향이 있는 것으로, 다시 말하면 자기를 과소평가하는 대단히 자신감이 없는 사람이다.

이 지능선은 가볍게 접촉하고 있는 경우와 서로 엮여 교차하듯이 되어 있는 경우의 두 가지가 있다. 후자의 경우에 있어서는 상술한

경향이 더욱 강해지고 극도의 신경과민으로 인해 생존경쟁을 지탱할
만한 힘이 없는 무기력한 성질을 표시한다.

1)-3. 지능선이 생명선의 내측에서 출발하는 경우

신경과민증이 있고 세심하여 주의 깊고 겁
이 많은 성질을 나타내는 것으로 이와 같은
상의 사람은 감정적으로 되기 쉬우며 타인
과 사소한 일로 다투기를 잘한다. 원래가
걱정이나 근심이 많은 사람으로, 하잘것없
는 사소한 일로도 걱정하는 성질이므로 자
연 눈앞의 일에만 붙들려 대사의 호기를 놓
치는 경향이 있다.

또 하나 빼놓을 수 없는 결점은 화를 내거나 격해지면 상식을 벗어
난 행동을 하는 수가 있다는 것이다. 이 손의 손바닥이 단단하면 성
급하고 거친 성질의 사람이다.

2) 종점의 의의

지능선이 달리는 방향은 개개의 손을 면밀히 조사해보면 천차만별이
다. 일직선으로 달리는 선도 있지만 상향으로 달리는 선도 있고 또
하향으로 경사지는 선도 있다. 그러나 수상학에서는 그 의미를 위에
서 보아 대체로 다음과 같이 구별한다.

① 지능선이 똑바로 손바닥을 가로질러 제 2화성구에 이르는 경우

일직선으로 손바닥을 길게 달리는 지능선은 의지력, 인내력, 극기심 등을 표시한다. 이와 같은 지능선을 가진 사람은 실사회적인 재능을 가진 실력형의 사람이다. 하지만 이 선이 지나치게 길어 손바닥의 외측에까지 뻗쳐 있으면 과도한 추리나 이론벽이 있는 이기적이고 타산적인 성격을 나타낸다. 그러나 성공주의자이고 자제력이 발달한 사람이다.

② 지능선의 전반이 똑바르고 후반이 조금 경사져 있는 경우

이러한 지능선은 이론과 상상력의 조화를 갖춘 두뇌를 나타낸다. 대단히 온건하고 사리 분별이 뚜렷하며 상식이 잘 발달한 사람으로 실무적 재능이 있는 사람이다.

③ 지능선이 완만한 경사로 월구의 중앙 쪽에 이르는 경우

일반적으로 가장 많이 볼 수 있는 표준형의 지능선이다. 이와 같은 지능선의 사람은 상상력과 상식이 넘치고 예술 방면에 관심을 갖는 성질을 보인다.

④ 지능선이 월구의 저부를 향하여 수하하는 경우

지능선의 끝이 강하게 경사하여 월구의 저부를 향해 달리고 있으면 이상적이고 관념적이며 공상적인 정신적 경향이 강한 성격을 나타낸다. 세상과 싸울 만한 기력이 모자라는 성질의 사람이다. 그러나 극히 드물게 예술이나 창조의 세계에서 위대한 업적을 이룩하는 사람도 있다.

⑤ 지능선이 생명선에 접근하여 수하하는 경우

지능선은 아래로 경사진 만큼 정신적 경향이 강한 성격을 의미한다는 것은 이미 언급했다. 이 선이 생명선에 근접하여 수하하고 있으면 공상, 방종, 무기력 등의 특이한 퇴폐적 성격을 나타낸다. 의지박약으로 의뢰심이 강하며 무슨 일을 해도 일에 일관성이 없다.

3) 기점과 종점의 관계

지능선의 기점과 종점에 관한 각각의 의미는 상술의 설명으로 대강 이해되었으리라고 생각한다. 그러면 양자는 어떤 관계를 갖고 있는가. 첫째, 기점이 생명선과 조금 떨어져서 발원하는 지능선은 대체로 손바닥을 일직선으로 달리며 거의 경사하지 않는 경우가 많다. 둘째,

그 이외의 기점에서 발원하는 지능선은 모두 경사 지능선이다. 물론 상기의 두 가지는 원칙론적인 측면에서의 관계이며 실제로는 원칙대로 나타나지 않는 경우도 있다.

4) 경사 지능선의 특징

지능선은 일반적으로 상향하는 선과 직선으로 달리는 선은 비교적 적고, 대다수가 경사진 지능선을 하고 있으며 다만 그 경사의 정도가 얼마만큼인가에 따라 차이가 있다. 따라서 경사 지능선의 본질적인 특징에 관해 몇 가지 언급하고자 한다. 경사 지능선은 물질적이기보다는 정신적인 경향이 강하고 행운을 잡을 수 있는 기회는 있어도 의지력과 기력 등의 정신력이 모자라거나 나쁜 결과를 예상하여 지나치고 만다. 혹은 현실에서 행하고 있는 도락이나 비행非行 등에 방해를 받아 큰 성공을 할 수 없는 경향이 있다. 그리고 경사의 정도가 큰 만큼 상기의 경향도 강하다.

3. 지능선의 여러 가지 형상

지능선의 기점 및 종점의 의의를 충분히 이해하는 것은 무엇보다도 중요하지만 수상 판단의 실제에 직면하면 한마디로 지능선에도 다종다양의 상이 있고 반드시 원칙대로의 형에 꼭 맞는 선만이 있는 것은 아니다. 그러나 개개의 실상에 대해 정확한 판단을 내리는 것은 진정한 수상 판단이 아니면 안 된다. 그래서 지능선의 모든 실상을 통하여 원리의 이해를 쉽게 하기 위해 다음에는 비교적 많이 볼 수 있는 실상의 해설로 옮겨 간다.

1) 지능선이 생명선의 내측에서 출발하는 경우

① 지능선이 생명선의 내측에서 출발하여 손바닥을 가로질러 일직선으로 달리고 있는 경우

이와 같은 경우는 기점이 표시하는 신경과 민 및 세심한 기질은 있지만 나이를 먹음에 따라 그러한 정신적 약점은 교정되고 신경 질적인 성질이 점차 극복되어가는 것이다. 자연 반성을 잘하는 성격이 되고 실사회적인 활동을 하는 사람이 된다.

② 지능선이 생명선의 내측에서 출발하여 월구의 저부를 향해 강하게 경사하고 있는 경우

희로애락의 감정이 강하고 사회적 활동력 이 없으며 또한 기력이 모자라는 사람으로 다분히 방종성을 띤 사람이다. 그러나 감수성과 공상력이 강하고 신비성에 대한 감각이 예리하므로 역점, 수상, 투시술, 심령술 등의 직업 또는 종교 방면에 적합하다. 만약 이런 종류의 지능선 자체가 빈약하거나 선의

말단에 성문이나 십자문이 있으면 발광이나 정신이상을 일으킬 우려가 있다. 더욱이 이와 같은 손의 감정선이 쇄상 또는 단선短線 등으로 빈약하게 되어 있으면 상기의 성격적 결함은 한층 강하게 된다.

③ 지능선이 생명선의 내측에서 출발하여 월구의 중앙 쪽을 향해 완만하게 경사하고 있는 경우

민감하고 소심하지만 상상력이 풍부하여 정신적 방면의 일, 즉 문학, 예술, 미술, 예능, 음악, 문필 등의 일에 적합한 상이다. 만약 이 선이 선명하고 길게 뻗쳐 있다면 그러한 방면으로 재능을 발휘한다. 그러나 이 상의 사람은 실사회에 있어 활동력이 둔하고 성격적으로도 다분히 방종적이고 향락적인 경향이 있다.

2) 지능선의 기점이 생명선과 붙어서 출발한 경우

① 지능선이 생명선과 결합한 상태로 출발해 후반이 조금 경사하여 월구의 상부에 이르는 경우

이와 같은 지능선은 흔히 볼 수 있는 선으로 실무적 재능과 상상력이 균형을 갖춘 좋은 두뇌력을 표시한다. 이 상의 사람은 대단히 상식이 풍부하며 온전하고 분별 있는

사람이다.

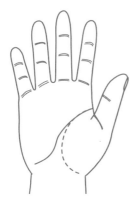

② 생명선과 결합하여 출발한 지능선이 강하게 경사져 그 끝이 월구의 저부에서 측면으로 방향을 바꾸고 있는 경우

병적인 공상과 극단적인 신경과민을 표시하는 것으로 의지가 박약하고 무력한 형의 사람이다. 또한 고독하고 염세적인 경향이 있어 개중에는 자살하는 사람도 있다.

3) 지능선이 생명선과 떨어져 출발한 경우

① 지능선이 생명선과 근소한 간격을 두고 출발하여 똑바로 손바닥을 가로질러 제2화성구에 이르고 있는 경우

실사회에서의 활동에 가장 적합한 실력형의 상이다. 이 상의 사람은 명민한 두뇌와 실무적 재능으로 성공을 하며 의지력과 실행력이 있는 사람이다. 그러나 인정미가 없는 냉철한 일면이 있다.

② 지능선이 생명선과 조금 떨어져 출발하여 경사하고 있는 경우

이와 같은 상은 그 기점이 뛰어난 성격의 사람임을 나타낼지라도 필시는 아무것도 이루는 일 없이 일생을 낭비하며 보내는 사람이다.

③ 생명선과 조금 떨어져 출발한 지능선의 끝이 조금 상향으로 되어 있거나 수성구로 오르고 있는 경우

이 상의 사람은 자신의 사회적 의무와 맡은 일에 전력을 다해 열중하며 경우에 따라서는 가정과 애정 모두를 희생하는 사람이다.

4) 변칙 지능선

① 지능선의 기점이 생명선과 결합한 채 저하하여 발원하는 경우

이 상의 사람은 대개 독립심이 모자라고 의타심이 강하며 과도한 신경과민으로 대단히 신중하고 겁이 많은 사람이다. 늦게 성숙하는 것이 이 선의 특징이지만 섬세하고 치밀성을 요하는 공작, 공예 등에 빼어난

재능이 있다. 이 상의 사람은 또 대단히 관능적이고 변태적 경향이 있어 만약 이와 같은 종류의 지능선 자체가 빈약하면 정신박약으로 부박한 성질을 표시한다.

② 지능선이 감정선에 흘러 들어간 듯이 결합하는 경우

이와 같은 지능선의 사람은 잔인성, 흉포성을 태어나면서부터 가진 사람으로 죄악에 대한 감정이 메말라 있다. 또 이 상의 사람은 대개 집요하고 이기심이 강하여 재산이나 사회적 지위를 쌓을 가능성도 있지만 그에 따른 부침浮沈 또한 많다.

③ 지능선의 끝이 수성구로 향하는 경우

사건 처리에 대한 특이한 재능이나 기민한 행동성을 표시하는 상이다. 그러나 이 상의 사람은 타산적이기보다는 교활한 성질이 많고 무분별하고 무절제한 성질을 나타낸다. 이 상은 또 신경 계통의 병에 걸리기 쉽고 만약 이와 같은 선의 끝 부분에 성문이 있으면 급사의 흉상이 되는 일도 있다.

④ 지능선의 끝이 태양구로 향하는 경우

이와 같이 감정선을 뚫고 태양구에 이르고 있으면 예술적 재능이나 기술적 재능을 영리 면이나 직업 면에서 살리는 사람이다.

⑤ 지능선의 끝이 토성구 방향으로 뛰어올라 감정선에서 멎어 있는 경우

이 상은 두뇌의 질환에 걸리기 쉬운 소질을 나타낸다. 이 선의 끝이 감정선의 위로 뚫고 올라가 있다면 젊어서 죽는 것을 암시한다. 이 선은 또 머리의 부상이나 뇌진탕 등으로 사망함을 의미한다.

5) 쇄상 또는 파상의 지능선

지능선에 쇄상 또는 파상의 어지러움이 있으면 지능선 자체가 표시하는 지능력의 감퇴를 의미하는 것이다.

① 지능선 전체가 쇄상으로 된 경우

심약한 지능력을 나타내는 것으로 생각이 모자라고 사고력이 산만하여 일을 자신의 머리로 분명하게 처리할 수 없다. 자연히 처지나 운명대로 흘러가는 사람이다. 이와 같은 지능선이 강하게 경사하고 있으면 우울증에 걸릴 경향이 있고 이때에는 사람을 싫어하거나 일시적인 발작으로 자살하는 수도 있다.

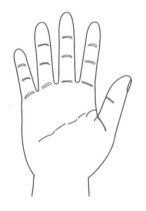

② 지능선이 파상으로 된 경우

이 선은 성격적으로도 의지가 약하고 거짓말을 잘하며 또 동요하기 쉬운 변덕스러운 성격으로 침착성이 없다. 이 선은 간장병을 표시하는 경우도 있다.

③ 지능선이 극히 짧은 경우

현금주의이며 대단히 차가운 성격의 소유자임을 표시한다. 남자의 경우는 따뜻한 정이 모자라고 신뢰할 수 없는 부실의 사람으로 이와 같은 상의 사람은 문학, 미술, 음악 등의 예술적 센스가 없다. 또 애정 문제에 있어서도 정서적인 감정이 부족하다.

6) 지능선의 지선支線

지능선에서 출발한 지선이 목성구, 태양구, 수성구 중의 한 곳으로 오르고 있다면 재운이나 성공을 약속받은 길상이 된다. 그러나 장해선, 십자문, 섬 등이 이 지선 상에 있으면 그 길상은 어떤 원인으로 인해 저해당하는 것을 암시한다. 장해의 의미를 나타내는 장해선이나 문紋은 그것이 나타나는 위치에 따라 의미하는 바가 상이하므로 세밀한 관찰과 주의가 필요하다. 또 만약 이러한 상향 지선이 시사하는 길상이 실현되지 않거나 대수롭지 않은 것이거나 하면 그 사람의 관심이나 노력이 다른 방향으로 빗나가 있는 것으로 생각할 수 있다. 예를 들어 원추형의 손으로 예술적 감각이 있는 성격을 나타내고 동시에 지능선의 지선이 태양구에 이르고 있음에도 불구하고 그 사람이 예술 방면에서 성공하지 않았다고 하면, 그 사람은 예능 이외의 다른 계통으로 관심과 흥미를 갖고 노력한 것으로 짐작할 수 있다.

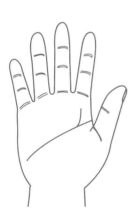

① 지능선의 지선이 목성구로 오르는 경우
사회적 지위나 금전운, 권력 등에 대한 야망을 나타낸다. 지능선 자체가 좋은 모양을 하고 있으면 이 야망은 달성된다고 보아도 좋으며, 두세 개의 지선이 동시에 목성구를 향하여 오르거나 구 상의 성문과 결합하고 있는 경우도 목적이 달성되는 길상이다. 그러나 이 지선이 인지의 밑 선에 이르고 있는 경우는 단순한 자부심이나 자만심을 나타내는 데에 지나지 않는다.

② 지능선의 지선이 인지와 중지의 사이로 향하는 경우

이와 같은 지선도 일종의 야심이나 기대를 품고 있음을 나타내는 것으로 그 목적이 달성되는지의 여부는 장해를 표시하는 선이나 문紋의 유무, 지능선 자체의 좋고 나쁨 등을 종합적으로 고려해 판정해야 한다.

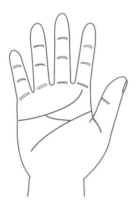

③ 지능선의 지선이 감정선과 결합하고 있는 경우

이것은 감정선과 지능선을 결합한 선이다. 이 상은 애정이나 일에서 느끼는 큰 매력이 이 사람의 생애를 지배한다는 암시다. 심각한 연애나 애정에 빠지기 쉬운 성질의 사람으로 일단 애정사가 일어나면 이성을 잃고 정열의 포로가 되는 사람이다.

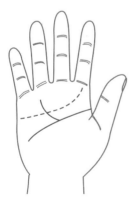

④ 지능선의 지선이 태양구를 향해 오르고 있는 경우

재운을 잡거나 혹은 예술, 예능 방면에서의 성공을 약속하는 길상으로, 이 중 어느 것인가는 지능선 자체의 달리는 방향과 손의 형 등에 의해 판단할 수 있다.

⑤ 지능선의 지선이 수성구를 향해 오르는 경우

수성구를 향하는 지선은 남다른 특기에 의한 성공이나 기술, 발명, 발견 등과 관련된, 혹은 실업 방면에서의 성공을 암시한다.

7) 지능선에서 파생하는 단세短細한 사선斜線

여기서 말하는 사선은 지선이라고 할 정도의 강한 선이 아니고 지능

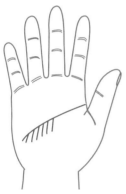

선에서 비스듬히 파생하는 섬세하고 짧은 선으로 쇠운을 의미하는 사선이다.

① 지능선에서 아래로 파생하는 단세한 사선

음기한 성질을 나타내는 것으로 무슨 일에서든 반항적이고 의심이 많다. 이 하향 지선은 이 사람의 쇠운을 예조하는 것이다.

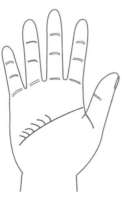

② 지능선에서 상향으로 파생하는 단세한 사선

이와 같은 선은 명랑하고 애교가 있는 양성적인 성질을 표시한다.

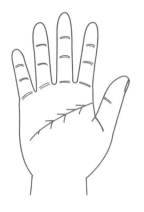

③ 지능선의 상하로 파생하는 단세한 다수의 사선

다재다능한 재능의 소유자임을 표시하는 상으로, 만약 이와 같은 사람의 손이 혼합형이라면 한층 그 경향이 강하다.

8) 끊어져 있는 지능선

지능선에 붉은 반점이나 끊어짐이 있으면 두부頭部의 고장이나 부상 또는 질병을 암시하는 것으로, 이와 같은 장해의 정도는 선 자체에

나타나는 끊어짐의 크기에 비례한다. 수상에서 말하는 두부란 머리에서 코, 입, 눈, 귀, 인후 등을 포함하는 포괄적인 의미다.

① 지능선이 중지의 바로 밑에서 끊어져 있는 경우

이와 같은 상은 두뇌의 부상 또는 질병을 암시하는 것이다. 이 끊어짐은 두부에 관계된 흉운을 예조하는 것으로, 예를 들면 두부의 장해나 질병에 의한 불의의 죽음을 나타낸다.

② 끊어진 양 선이 중복되어 있는 지능선

두부에 생긴 어떤 장해나 부상 또는 두부의

질환을 암시하는 것으로 이 경우와 같이 끊어짐이 중복되어 있으면 그 질환이 중증이 아닌 것을 의미한다.

9) 지능선 상의 섬

지능선 상에 나타나는 섬은 두부의 질병을 예고하는 불길의 상이다. 지능선의 섬은 나타나는 위치에 따라 다음과 같은 의미를 표시한다.

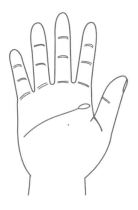

① 지능선의 섬이 인지의 바로 아래에 나타나는 경우

유소년기의 지능력, 정신력의 박약을 나타낸다. 이와 같은 아이는 대개 공부를 싫어하고 머리가 나빠 야심과 향상심이 없다.

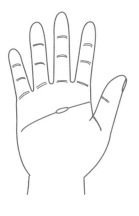

② 지능선의 섬이 중지의 바로 밑에 나타나는 경우

중지의 섬은 우울증의 경향을 나타내는 것으로 특히 두뇌염에 걸리기 쉬운 것을 나타낸다. 이 섬의 앞쪽이 빈약하다면 그 병은 완전히 회복할 수 없음을 의미한다. 이 섬은 또 재난과 실패를 암시하기도 한다.

③ 지능선의 섬이 약지의 아래에 나타나는
경우

눈병이나 시력이 나빠지는 것을 암시하는
것으로 만약 이 부분에 작은 섬이 많이 나
타나 있다면 실명失明이나 시력 감퇴의 위
험이 있다.

④ 지능선의 섬이 소지 바로 밑에 나타나는
경우

노년기에 있어 두뇌력의 현저한 쇠퇴를 예
고하는 것으로 걱정, 근심 등의 강한 신경
질에 빠진다는 암시다. 만약 이 섬이 선명
하게 나타나 있거나 많은 섬으로 되어 있다
면 걱정 근심으로 인해 더욱 정신에 이상을
일으키는 것을 말한다.

⑤ 지능선의 말단에 섬이 있는 경우

강하게 경사하여 내려가는 지능선의 말단
에 섬이 나타나 있는 것은 정신병을 예고하
는 흉상이다. 이것이 심하면 자살하는 사람
도 있다.

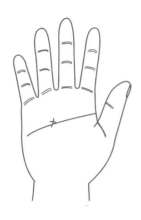

10) 지능선과 십자문

작고 예리하고 선명한 십자문은 그것이 지능선에 접촉하고 있든지, 아니면 선 상에 직접 나타나 있든지 간에 그 위치를 불문하고 두부에 받는 불의의 상해傷害를 예고하는 흉상이다.

11) 지능선과 그 외의 문紋

지능선과 관련하여 길흉을 예고하는 문에는 상술한 섬이나 십자문 외에 다음과 같은 표시가 있다.

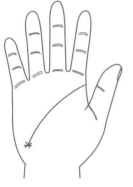

① 지능선의 끝에 성문이 나타나는 경우

경사 지능선의 끝에 나타난 성형의 문은 박약한 두뇌에 경고를 주는 상이다. 하향한 지능선이 월구로 드리워져 그 끝에 성문이 나타나 있으면 유전적인 비운을 의미하는 것으로 다분히 자살의 위험이 있음을 시사한다.

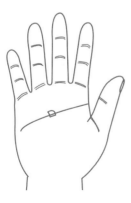

② 지능선에 사각문이 나타나는 경우

지능선 상 또는 선에 접촉하여 나타나는 사각문은 지능선의 보호나 보강의 역할을 담당하는 것으로, 예를 들면 두부의 장해를 암시하는 지능선의 끊어짐을 사각문이 감싸고 있으면 병에 걸리거나 상해를 받아도 그 정도가 심각하지 않음을 의미한다.

12) 이중 지능선

지능선은 손바닥의 중앙을 가로지르는 하나의 선으로 되어 있는 것이 일반적이다. 그러나 드물게 하나의 손에 두 줄의 지능선이 나타나는 경우가 있다. 이것을 이중 지능선이라 부른다.

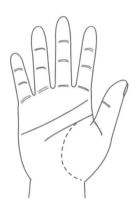

① 표준의 이중 지능선

표준의 이중 지능선은 다음과 같은 형으로 볼 수 있다. 목성구에서 출발하는 한쪽의 선이 길고 생명선에서 출발하는 또 하나의 선이 짧게 되어 있는 것으로 이 양 선은 거의 병행하여 있는 것이 보통이다. 따라서 각각의 지능선이 표시하는 이원적 성격이 이중 지능선의 특징이다. 즉, 목성구에서 출발하는 선이 표시하는 분방, 자신감, 대담함과 함께, 생명선과 결합하여 출발한 다른 쪽의 선이 표시하는 냉정, 용의주도, 민감, 세심함이 공존해 있는 것을 나타낸다.

대체로 이와 같은 상의 사람은 재능이 많고 의지력이 강하며 격심한 지적 활동을 감내할 수 있는 지능력을 갖고 있어 이러한 천부적인 재능에 의하여 성공이나 행운을 잡는다. 또한 정치적 재능이나 사업적 수완에도 능력을 발휘하는 사람이 많다. 여성의 손이 이중 지능선으로 되어 있을 경우 주부로서의 가정 생활보다는 사회 생활에서 더 많은 행복을 찾을 것이다.

제8장

막쥔선 秫掛線

1. 막쥔선의 개설

1) 위치

감정선과 지능선이 하나로 되어 손바닥 중앙을 횡단하는 선을 막쥔선이라 부른다. 막쥔선은 대부분 손바닥 중앙에 강하게 일직선으로 나타나는 것이 보통이다.

2) 의의

막쥔선의 소유자는 타인을 통한 이해나 감동이 없이 자신의 내면 세계에 침잠沈潛되어 있으며, 대개 고독한 일면을 갖고 있다. 또한 이와 같은 사람은 세상에서의 일반적인 성공이나 출세 관념에 관해서는 두 가지 견해를 갖고 있다. 즉, 전혀 무관심하거나 반대로 강한 집착을 갖는 경향이 강한 사람으로 중용의 미덕이 없는 사람이다. 따라서 이 상의 사람은 대성공하거나 혹은 사회의 낙오자가 되거나 하는 극단적인 운명을 걷게 된다. 만약 좋은 운명선이나 태양선이 나타나 있을 때에는 대체로 크게 성공하지만, 운명선과 태양선이 모두 없는 경우는 인생의 패배자로 끝나는 것이 대부분이다.

3) 막쥔선과 손의 형型

정신적 경향이 강한 손에 나타난 막쥔선은 음성적인 성격을 시사한다. 그리고 집착심이 강하므로 애정 문제 등에 있어서 보통 사람보다 몇 배 더 고민하는 경향이 있다. 이에 반해 물질적 경향이 강한 손에 나타나 있는 막쥔선은 원래의 물질적 성격에 강한 의지력이나 집착심이 보태져, 어떠한 곤란이나 반대가 있어도 그것을 무릅쓰고 추진하는 강인함과 완고함을 표시한다. 이와 같은 종류의 손에 좋은 태양선이나 운명선이 나타나 있으면 대부분은 성공한다.

2. 막쥔선의 여러 가지 형상

① 감정선이 지능선에 결합하고 지능선의 끝이 하향하고 있는 경우
이것 역시 막쥔선이 상징하는 강한 집착심이나 까다로운 성격을 나타내는 것이지만 비교적 상식적인 성격을 가진 사람이라 하겠다.

② 막쥔선 위에 운명선과 태양선이 나타나
있는 경우

원추형, 사색형, 첨두형 등의 정신적 경향
을 나타내는 손에 이 상이 있는 경우는 문
학, 미술, 음악, 문필 등의 정신 활동의 분
야에서 성공하는 사람이다. 또 만약 이 손
이 방형의 손과 같은 물질적 경향을 나타내
는 손에 있으면 상업이나 사업 그 외의 실업 방면에서 성공하는 것을
나타낸다. 그 어느 쪽도 목적 달성의 길상이다.

③ 지능선의 끝이 감정선에 상향으로 결합
하여 일종의 막쥔선을 하고 있는 경우

자신의 감정을 제어할 수 있는 자아가 강인
한 것을 나타내는 상이다. 이 상의 사람은
일단 결심한 것은 수단과 방법을 가리지 않
고 목적을 이루려고 하는 강한 결의와 집착
심을 보인다.

제9장

감정선 感情線

1. 감정선의 개설

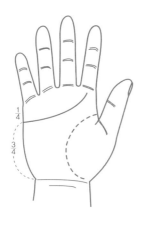

1) 위치

감정선이란 4지의 바로 아래를 달리는 선
으로, 그 기점은 소지의 기저선과 제1수경
선의 전체 길이 중 위에서 1/4 되는 지점에
서 발원하여 완만하게 상향으로 활을 그리
며 목성구에 이르는 선이다. 이와 같은 위
치를 차지하는 선이 표준 감정선이다.

2) 기점에 대한 두 가지 설說

감정선의 기점에 관해서는 두 개의 설이 있다. 그 하나는 이 선의 기
점이 목성구에서 출발하여 수성구의 방향으로 달린다는 것이고, 다
른 하나는 그 반대 방향, 즉 수성구 외측에서 목성구를 향한다는 것

이다. 이것은 분명히 후자의 것이 맞는 것으로 선의 모양을 살펴보아도 그 끝이 목성구 방향으로 갈수록 가늘고 신장伸長되어 있는 것을 볼 수 있기 때문이다. 이는 또한 더욱 향상하는 운명의 암시이기도 하다. 따라서 수성구의 측면에서 발원한다고 보는 것이 타당하다.

3) 의의

감정선은 불가사의한 암시와 더불어 인간의 심정과 개성을 표현하는 선이다. 또한 감정선은 그 사람의 인생이 환희에 싸여 있는가 혹은 비애로 흐르는가를 말해주며, 애정의 곤란과 번민을 알리는 감정의 소리라고도 한다. 그러나 이러한 말과 소리는 남자보다도 여자에게 더 큰 의미를 시사한다. 또 감정선이 암시하는 예언은 금성구의 상태나 지능선에 의해 보조된다. 이것은 감정선과 지능선의 긴밀한 관계 및 여성의 손에 나타난 감정선의 암시력이 얼마나 중요한가를 나타내는 것이다.

4) 주향走向

감정선은 종점의 위치, 즉 그 끝이 어느 곳에서 멈추고 있는가 하는 점에 따라 그것이 나타내는 의미가 다르다. 일반적으로 끝이 길게 뻗쳐 있을수록 정에 약하고 민감하여 정신적인 성향임을 말하며, 반대로 짧을수록 정에 냉정한 물질적 성질을 표시한다. 또 상향으로 활을 그리며 달리는 긴 감정선은 짙은 애정을, 직선으로 달리는 선은 생각한 대로 실행하는 성질을, 그리고 끝이 하향한 감정선은 감상적인 성질을 나타낸다.

5) 감정선의 일반적 원칙

이상적인 감정선이란 선에 아무런 결함이 없이 길고 혈색이 좋으며 적당하게 새겨져 있어야 한다. 이와 같은 감정선은 강하고 견고한 애정, 알맞게 균형을 이룬 정신, 선량하고 온건한 정조 등의 의미를 표시한다. 또한 행복한 애정 관계를 시사하기도 한다.

가늘고 창백한 감정선의 소유자는 취미도 사상도 없는, 애정과 열정의 정서가 결여된 냉정한 사람으로, 부부 관계에서도 윤기가 없으며 사람들과의 교제도 적은 사람이다. 물욕이 강하며 극히 자기 본위로 일관한다. 감정선이 전혀 보이지 않으면 완전히 자기 본위로 대단히 자존심이 강하고 냉혈한으로 감동도 정서도 없는 사람이다. 부하를 혹사하거나 자신의 이익을 위해서는 친구도 태연하게 배반하거나 희생시키며 이를 조금도 개의치 않는 사람이다.

감정선이 반점, 섬, 끊어짐, 쇄상, 파상 등의 어지러움을 동반하면 심장 기능의 고장을 표시하는 경우가 많고, 반대로 아무런 결함을 동반하지 않는 선명하고 좋은 선은 강한 순환기능을 나타낸다. 폭이 넓고 얕은 감정선이 혈색이 없이 창백한 것은 방탕에 싫증이 난 나머지 애정 등에는 이미 무관심한 사람으로 애정 불감증이라 할 수 있는 상이다. 감정선의 새김이 지나치게 깊으면 뇌일혈의 징조가 되는 수도 있다. 또 잔혹, 냉혹 등의 성질을 나타내는 경우도 있다.

감정선 전체의 위치가 보통의 위치보다 아래쪽에 있어 지능선에 접근하고 있는 것은 감정에 지배당하는 사람이다. 반대로 감정선이 보통의 위치보다 높게 되어 있고 지능선도 또한 감정선에 접근하여 양 선의 간격이 좁으면 감정보다도 이성이 승리한 사람으로 애정 문제 등에서도 대단히 타산적이다. 짧은 감정선은 단명을 암시하기도 한다.

2. 감정선의 여러 가지 형상

1) 보통의 감정선

① 감정선이 목성구의 중앙에 이르는 경우
이 감정선을 가진 사람은 정신적 경향이 강하고 애정, 자존심, 체면, 정조, 도의심 등이 견고한 사람이다. 다시 말하면 이상주의적 경향이 강한 성실한 사람으로, 애정 관계에서는 자신보다 훨씬 뛰어난 상대와 결혼하기를 기대하는 사람이다. 또한 감정선이 어지럽거나 흉문 등이 나타나 있지 않아 모양이 단아하면 행복한 애정 생활을 영위함을 암시한다. 만약 이 선이 활 모양을 하지 않고 일직선으로 목성구를 향하여 달리고 있으면 단도직입적인 솔직한 사람이다.

② 감정선이 극단적으로 길어 목성구의 측면에 이르는 경우
질투심이 많아 애정 관계에서 심하게 고통받는 사람이다. 만약 이와 같은 손의 금성

구가 잘 발달해 있거나 지능선이 강하게 경사하고 있으면 이러한 질투심과 시기심은 더욱 심해져 흥분하거나 격정적으로 되는 경향도 한층 강하게 된다.

③ 감정선이 인지의 기저선에 이르고 있는 경우

이 선의 소유자는 정신적인 경향이 대단히 강하고 청순淸純한 애정관을 갖고 있는 사람이다. 그러나 이것은 때로 상대의 단점을 보는 안목을 부족하게 만들어 상대방도 자신과 똑같이 강한 애정이 있다고 착각하기도 한다. 따라서 상대의 배신이나 이별에 따른 정신적 충격의 여파가 커서 비극적으로 될 위험도 있다. 그러나 두 사람이 모두 이와 같은 상을 하고 있으면 그 결혼은 최고로 행복한 생활을 영위할 수 있다. 또한 이 상의 사람은 정신력이 강하고 자신의 일에 모든 열정을 다 바쳐 몰두하는 경향이 있어 자연적으로 부와 성공을 보장받은 길상이다.

④ 감정선의 끝이 갈라져 한쪽은 목성구로, 다른 쪽은 인지와 중지의 사이로 들어간 경우 명랑하고 애정이 강한 성격을 표시한다. 사람들을 매우 좋아하는 성격으로 행복하고 평온한 가정에서 생활할 상이다.

⑤ 감정선의 끝이 목성구에서 두세 가닥으로 갈라진 경우

이런 감정선은 상대에 대한 애정이 풍부하고 정의감이 강하여 신뢰할 수 있는 사람임을 나타낸다. 또한 교우 관계가 폭넓고, 성격이 대단히 명랑하며, 동정심도 두터운 사람이다. 따라서 부와 명예가 약속된 길상이다. 그러나 이 상의 사람은 지성적이기보다는 감성적인 경향이 강해 정에 치우친 나머지 타인에게 속기 쉬운 단점이 있다.

⑥ 감정선이 두 갈래로 갈라져 각각 목성구와 토성구로 향하는 경우

숙명론적인 인생관에 지배되는 성질을 의미하는 것으로 광신도 등에게서 많이 볼 수 있다. 또한 중지 아래의 토성구로 오르는 지선이 굽어져 있으면 불륜의 연애에 빠지는 상이다.

⑦ 감정선의 끝이 토성구의 중앙에 이르고 있는 경우

이기심이 매우 강한 성격을 표시한다. 이상의 사람은 대단히 관능적이고 육욕적이지만 심성이 차가워 모든 일을 자기 본위로

생각하며 타인의 의혹이나 불행 등에는 전혀 개의치 않는 경향이 있다. 이 감정선이 쇄상을 하고 있거나 폭이 넓고 얕은 선으로 되어 있으면 그 경향은 한층 강해진다.

⑧ 감정선의 끝이 인지와 중지 사이로 향하는 경우

이 선은 애정에 빠지거나 정욕을 탐하는 일이 없다. 즉, 애정 관계에서는 대단히 신중하고 상식적인 사람이다. 이 선의 끝이 인지와 중지 사이로 들어가 있는 경우도 그 의미는 같으며, 이때에는 단지 그림의 경우보다 조금 더 조숙한 것을 나타낸다. 여자는 상대에 대한 좋고 싫음의 감정이 분명한 사람이다.

⑨ 감정선이 극히 짧은 경우

그림과 같이 나타나 있는 선은 드물지만 만약 감정선이 짧아 약지의 아래인 태양구에 간신히 도달하는 경우는 감정의 움직임이 단순하여 세심한 마음 씀씀이나 인정미가 모자라는 냉혹한 성격의 소유자임을 표시한다.

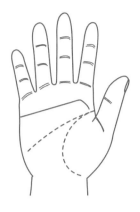

⑩ 감정선의 끝이 인지의 아래에서 하향으로 숙여져 있는 경우

친절하고 애정이 깊은 개성이 있는 사람이지만 대단히 감상적이어서 정 앞에서는 무분별한 경향이 강하다. 이 상은 또 불가사의한 숙명을 예조하는 것으로, 애정 문제에서 실망하여 대단히 고통받거나 신뢰한 친구에게 배반당하거나 혹은 자신보다 지위나 신분이 못한 상대와 결혼하는 불운의 상이다.

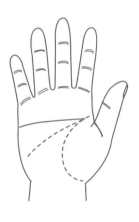

⑪ 감정선의 끝이 하향하여 생명선과 지능선에 합쳐지는 경우

이 선은 강한 감상벽을 표시하는 것으로 정에 이끌려 맹목적인 성질이 되는 사람이다. 정사나 실연 자살까지도 감내할 정도의 감상가여서 사람이 착하고 남에게 속기 쉽다. 이 상은 또 자살의 상이라고도 한다.

2) 변칙의 감정선

감정선 중에는 이와 같은 형의 손도 적지 않다. 다음에 열거하는 선은 비교적 많이 볼 수 있는 변칙의 감정선이다.

① 감정선이 수성구에서 출발하는 경우

수성구가 상징하는 실리적 경향이 강한 성격을 표시한다. 모든 것을 타산적으로 생각하여 애정 문제조차도 물질적인 면을 많이 고려하며, 순진한 애정보다는 정략결혼 등에 요령 있게 처신하는 사람이다.

② 감정선이 이중으로 나타난 경우

소위 이중 감정선이다. 이 선을 가진 사람은 대체로 정력적이며 윤택한 기질과 포용력이 있다. 예를 들어 비애悲哀나 비운을 당해도 그것을 뚫고 나갈 수 있는 정신력이 있는 사람이다. 그러나 성 본능이 강하며 그만큼 인연도 자주 바뀌게 되는 사람이다. 이와 같은 상의 여성은 직장 생활을 하는 데 적합한 사람이라고 본다.

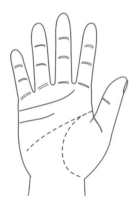

③ 감정선이 이중으로 된 경우

이것은 여성의 손에서 자주 볼 수 있는 일종의 이중 감정선이다. 이 상의 여성은 천성적인 직업여성으로 세상에 나서서 활약하는 사람이다. 만약 이 손의 형이 방형이라면 물장사 등으로 성공한다.

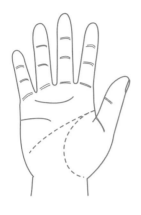

④ 감정선이 두 개로 분리된 경우

흔히 말하는 분리 감정선이다. 이 선에서 가장 많이 볼 수 있는 형은 그림에 나타나듯이 위의 선은 금성대같이 보여 선이 굵고 아래의 선은 지능선에 접촉하고 있는 것이다. 이 상은 초혼에 실패하는 것도 암시한다. 남자의 경우는 초혼에 실패하지 않는 경우도 있지만 여자는 거의 스스로 나가거나 직업적으로 진출하는 경우가 많은 듯하다.

3) 쇄상鎖狀 또는 파상波狀의 감정선

감정선이 쇄상이나 파상으로 되어 있으면 감정선 자체의 의미에 더욱 나쁜 의미가 첨가된다.

① 감정선 전체가 쇄상으로 된 경우

이 선은 다정다감한 성질을 표시하는 한편 심장병, 두근거림 등의 질병이 있음을 나타낸다. 전자는 대개 바람기가 있고 성질이 변덕스런 사람임을 시사한다. 이 쇄상 감정선이 표준의 위치보다 낮고 가로로 되어 있으면 맹목적인 정열가임을 표시한다. 남자의 경우 이 선이 적색을 띠고 있으면 바람기가 한층 강하다. 그러나 여성은 다정다감하고 매력적인 성질을 나타내는 것으로 감정이 섬세하고 아름다워 다소의 쇄상을 아주 악상惡相이라고 하지는 않는다.
남녀 모두 자제력과 의지력의 유무에 따라 길상도 되고 악상도 되는

것이므로 지능선의 상태도 아울러 판단해
야 한다.

② 감정선이 파상으로 토성구에서 끝나는
경우
타산이 강하고 냉혹한 성격을 표시하는 것
으로 이 상의 사람은 자신의 이익이나 욕구
를 관철하기 위해서 타인의 어떠한 희생도
개의치 않는다.

③ 감정선의 기점 부분만 쇄상으로 되어 있
는 경우
이것은 소지 밑의 외측에 가까운 부분에 나
타나는 쇄상으로 생식기능이 약한 것을 나타
낸다. 특히 여성의 경우는 불임증의 표시다.

④ 감정선이 토막토막으로 된 경우
이와 같은 감정선의 소유자는 기력이 모자
라고 활동력이 둔하여 극히 소극적인 사람
이다. 또한 바람기가 있고 마음이 변덕스러
워 애정 관계에서도 영속성이 없다. 이 선

은 또 단순히 허약한 심장 기능을 나타내는 경우도 있다.

4) 감정선의 지선支線

① 감정선에서 다수의 하향 지선이 파생하는 경우

상향의 지선이 낙천적인 성질을 표시하는 것에 반해 이 상은 비관적 성질을 나타내는 것으로, 다시 말하면 근심 걱정이 많은 사람이다. 또 다감한 성질이나 감상벽을 나타내는 것으로 일반적으로 비애나 실연의 상이라고도 한다.

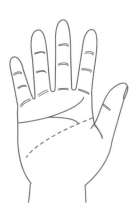

② 감정선의 지선이 인지나 중지 밑에서 지능선 또는 생명선과 교차하고 있는 경우

부부나 애인과의 사이에 파탄이 생기게 되는 것을 암시한다. 또한 이 상은 주선인 감정선이나 결혼선, 영향선, 인상선 등 주로 애정 관계를 나타내는 선의 어딘가에 실연이나 이별을 의미하는 표시가 나타나 있는 경우가 보통이다.

③ 감정선에서 출발한 지선이 금성구에 이르고 있는 경우

열렬한 연애나 애정 관계의 표시다. 그 관계는 과거와 현재 두 가지 중의 하나를 나타내는 것으로 대체로 비련으로 끝나는 상이다.

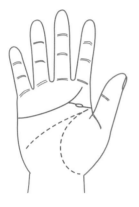

④ 감정선에서 갈라져 나온 지선에 섬이 있는 경우

이와 같은 상은 남녀 관계에서의 불륜을 표시하는 것으로, 그 섬이 금성구에 있는 경우는 애정에 관계된 분규나 성가신 문제가 일어나는 것을 암시한다.

⑤ 감정선의 끝이 두 갈래로 갈라져서 운명선에 멎어 있는 경우

배우자 또는 애인과의 숙명적인 결별을 암시하는 상으로, 이 사람은 중년기에 애인이나 배우자와 이별하게 될 운명이다.

⑥ 감정선의 기점 부분에 나타난 매우 작은 상하의 지선

왕성한 생식기능을 표시한다. 이와 같은 작은 지선이 많을수록 다산형으로 자식 복이 많다.

5) 감정선에 나타나는 문紋

① 감정선 상이나 그에 접촉하여 나타난 성문

감정선에 동반된 성문은 애정의 파탄을 예고하는 것이다. 그러나 그것은 외부에서 숙명적으로 발생한 것이 아니라 완전히 본인의 감정이나 분구에서 기인한 것으로 대개는 이별을 의미한다.

② 감정선 상에 세 개의 작은 섬이 중복으로 나타나는 경우

상업이나 사업 방면에서 외교적 수완을 발휘하는 상이다. 이 상은 술장사 등에 종사하는 여성에게서 많이 볼 수 있다.

163

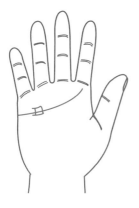

③ 감정선에 사각문이 나타나는 경우
사각문은 그 위치에 상관없이 애정 관계에서 분규가 발생하거나 복잡한 문제가 생기는 것을 암시한다. 더불어 상대의 감언에 속아 함정에 빠지게 되는 것을 의미한다.

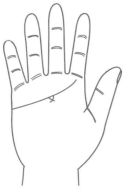

④ 감정선 상에 십자문이 나타나는 경우
이와 같은 십자문은 흉운을 의미하는 것으로 배우자나 애인이 불의의 위험한 일에 직면하든가 급환으로 사망하는 등 불길한 일이 생기는 것을 예고한다.

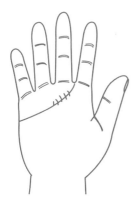

⑤ 감정선 상에 반점이나 칼자국이 나타나는 경우
이 상은 대개 심장에 장애가 있거나 체질이 허약한 것을 나타내는 것과 더불어 비련이나 실연, 그리고 애정의 분규紛糾로 고통받게 되는 것을 나타내기도 한다.

6) 감정선의 끊어짐
감정선이 명백히 끊어진 것은 이연離緣이나 실연 등 애정 관계의 중단을 의미한다. 이 외에 심장 계통의 질환을 나타내는 경우도 있다.

① 감정선이 중지의 밑에서 끊어져 있는 경우
이와 같은 상은 당사자의 의지와 무관하게
발생한 일로 인해 배우자 또는 애인과 이별
하게 되는 것을 암시한다. 물론 사별의 경
우도 있다.

② 감정선이 약지의 아래에서 끊어져 있는
경우
이 상은 흔히 볼 수 있는 것으로 그 끊어짐
이 그림에서 보듯이 대개는 이중 감정선과
같이 크게 끊어져 있는 것이 특징이다. 이
끊어짐은 감정에 의한 애정의 파탄이나 이
연을 표시하는 숙명적인 상이다.

③ 감정선이 소지의 아래에서 끊어져 있는
경우
이와 같은 상 역시 이별을 나타내는 것으로
당사자 한쪽 또는 쌍방의 강한 물욕적 성격
으로 말미암아 결국은 이연이나 이별을 하
는 것을 암시한다.

7) 감정선에 나타나는 섬

감정선 상에 나타난 섬은 그것이 선의 어느 곳에 나타나 있든 상관없이 불길한 운명을 암시하는 것으로 섬의 수가 많으면 불운, 비애 등을 예시한다.

① 감정선의 섬이 약지의 바로 밑에서 나타나는 경우

심장 기능이 약하거나 이미 심장병에 걸려 있는 경우에 나타난다. 또 눈병을 예고하는 표시이기도 하다.

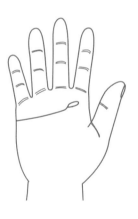

② 감정선의 끝에 섬이 있는 경우

부부 생활이나 애정 관계가 파국을 맞이하는 것을 암시한다. 부부가 이연하거나 연인 또는 동지가 어떤 원인으로 인해 이별하는 것으로 그 원인이 사망인 경우도 있다.

제 10 장

운명선 運命線

1. 운명선의 개설

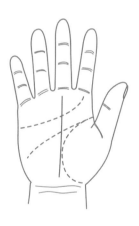

1) 위치

운명선이란 제1수경선의 조금 위쪽에서 출발해 손바닥의 중앙을 똑바로 상승하여 토성구의 중앙에 도달하는 선을 가리킨다. 다만 그 기점은 생명선, 지능선, 화성평원, 월구, 금성구 등에서 발원하는 경우도 있다.

2) 의의

운명선은 사람의 일생에서 일어나는 행복, 불운, 사업의 성쇠, 환경의 변화, 결혼의 길흉 등을 나타낸다. 그러나 그 인과관계에 대해서는 누구도 감히 선뜻 대답할 수 없다. 단지 이 선에는 한 인간의 생의 전반을 통한 중요한 사건이 예시되어 나타난다는 것만은 틀림없다.

그러나 운명선에는 상술했듯이 인생의 길흉이 모두 나타나기 때문에 이 선 자체가 곧 행운의 표시가 되는 것으로 판단해서는 안 된다. 그러나 이 선이 순조로운 운명을 시사하는 경향이 강한 것도 빼놓을 수 없는 사실이다.

3) 운명선과 태양선

모든 행운이나 성공은 운명선과 병행하여 태양선이 나타나 있어야 확실하다고 할 수 있다. 그러나 운명선과 태양선이라 할지라도 3대 선에 대해서는 2차적인 의의를 갖는 것에 불과하므로 운명선이 약하다고 그 사람이 불운한 운명을 타고났다고 단정하는 것은 금물이다. 사람의 운명은 손의 형이나 3대 선의 상태, 그 외의 선 등의 종합 판단에 의해서도 알 수 있는 것이다.

4) 운명선과 손의 형型

운명선은 손의 형상과도 밀접한 관계가 있다. 이 선은 물질적인 성격을 표시하는 원시형, 방형, 비형의 손에는 잘 나타나지 않지만 사색형, 원추형, 첨두형 등의 정신적 경향이 강한 성질을 표시하는 손에는 쉽게 나타나는 것이 보통이다. 바꿔 말하면 운명선은 물질적 경향을 나타내는 손보다 정신적 경향을 의미하는 손에 강하게 나타나는 것이라고 할 수 있다.

따라서 원추형, 첨두형, 사색형의 손에 나타난 명료한 운명선을 원시형, 방형, 비형의 손에 나타난 운명선과 똑같이 중요성을 갖는 것이라고 생각해서는 안 된다. 동일한 운명선이어도 물질적 경향이 강한 손에 나타난 경우는 정신적 경향이 강한 손에 나타난 경우보다 그 의미가 한층 더 강하다. 그러므로 방형, 원시형, 비형의 손에 나타난 빈약한 운명선을 보아 하잘것없다고 과소평가해서는 안 된다.

5) 운명선의 모양

운명선이 직선으로 되어 있지 않고 물결 모양으로 굽어져 있거나 토막토막으로 끊어져 있으면 파란이 많은 운명을 말하는 것으로 부침浮沈이 심한 생애가 암시된다.

　운명선이 지선도 태양선도 동반하지 않고 단 한 줄기의 가는 선으로 토성구로 오르는 일이 있다. 물론 이와 같은 선은 강한 의미를 나타내는 선이 아니라 가늘고 어설픈 선이다. 이 같은 운명선을 가진 사람은 숙명에 농락당하고 환경의 철책에 부딪히게 된다. 그리고 운명의 시련이나 곤란, 재난 등에서 벗어날 수 없다. 그에게는 타인의 지원도 없을 뿐 아니라 그 자신에게도 의지할 수 없는, 이른바 비애와 비극 외에는 영구히 행복을 추구할 수 없는 상이다.

　이상적인 운명선은 강하지도 약하지도 않고 적당하게 새겨진 선이어야 한다. 그리고 태양선을 동반하는 것이 최상이다. 운명선과 함께 길고 좋은 지능선을 가진 사람은 반드시 지능력에 의해 성공한다. 구체적으로 그 지능력을 설명하는 것은 불가능하지만 손의 형과 지능선 자체의 형상에 의해 그 특질을 잡는 것은 가능하다.

6) 운명선이 전혀 나타나 있지 않은 손

운명선이 전혀 나타나 있지 않은 손이 있다. 만약 이 손의 지능선 역시 따로 뽑아 내세울 만한 것이 없는 보통의 선에 지나지 않으면 그 사람의 운명은 보잘것없는 것임을 의미한다. 이 사람은 결국 특색이 없는 삶을 살게 되는 사람으로, 단조롭고 변화 없는 생활을 하며 광명을 가져다줄 생의 목적을 가지지 못하는 사람이다.

2. 운명선의 여러 가지 형상

1) 일반적 운명선

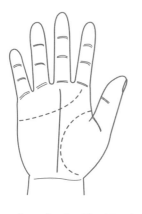

① 운명선이 수경선 부근에서 시작하여 일직선으로 중지 밑의 토성구를 향해 힘차게 오르는 경우

이 선은 운명선의 표준이라 할 수 있다. 흔히 천하선天下線이라고도 하는 이상적인 선으로, 이 상을 가진 사람은 청장년기부터 노년기까지의 전 생애에 걸쳐 행운이 뒤따르며 또한 성공할 가능성도 있다. 물론 이것은 가능성이라는 어의적인 의미와 더불어 자신의 노력과 재능 여하에 따라 그 결실을 맺을 수 있다는 것을 나타낸다. 그러나 이 상이 여성의 손에 있는 경우는 왕왕 독신이나 과부로 끝나는 경우가 많으므로 이 점은 유의해야 한다.

② 운명선과 태양선이 병행하여 오르는 경우
운명선과 태양선이 양쪽 다 명료하고 사이좋
게 병행하고 있으면 길상임을 의미하는 것으
로, 이와 더불어 지능선도 길게 뻗어 그 모양
이 좋게 되어 있으면 풍부한 재운과 사회적
지위를 누리는 이상적인 성공의 대길상이다.
그러나 이 경우 지능선이 빈약하면 일시적인
성공은 있어도 그 성공의 영속성이 없다.

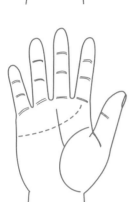

③ 운명선이 생명선에서 출발한 경우
이 운명선은 본인의 개인적 노력이나 수완
에 의해 행운과 성공을 가져오는 것을 나타
낸다.

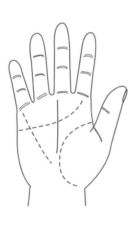

④ 운명선이 화성평원으로부터 출발한 경우
이 사람은 청년기에 이르기까지 고난과 고
통이 많은 생활을 한 사람으로 목적을 달성
하기 위해서는 끊임없이 노력을 계속해야
한다. 그러나 운명선이 화성평원에서 힘차
고 명료하게 토성구를 향해 오르는 동시에
운명선의 지선이 태양구로 상향하거나 별개
의 태양선을 동반하고 있으면 행운이 뒤따
른다. 이와 같은 사람은 타인의 지원이나 원

조 없이도 자신의 노력과 역량으로 행운을 획득하게 된다.

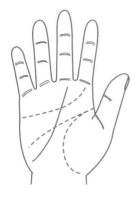

⑤ 운명선이 월구에서 출발하고 있는 경우
이 선이 명료하고 힘 있게 토성구에 도달하고 있으면 예술가나 예능인같이 대중적 인기에 의해 성공을 하거나, 타인 또는 배우자의 정신적 지원 혹은 물질적 원조에 의해 운이 트여 성공하게 된다.

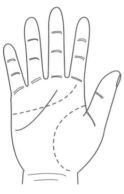

⑥ 운명선이 제2화성구에서 출발한 경우
이와 같은 운명선은 대중적인 인기나 타인의 원조에 의한 개운開運의 상은 아니고 자기 자신의 노력에 의해 기반을 구축하는 상이다.

⑦ 월구에서 출발한 운명선이 감정선과 합류하여 목성구에 이르고 있는 경우
이성의 원조에 의한 개운의 상이다. 또한 이 상은 행복한 결혼을 암시하기도 한다. 그러나 그 결혼은 상대의 공상이나 일시적 기분 또는 낭만적 동기에 의한 것으로, 예를 들면 돈이 많은 부인과 결혼하는 것과 같은 행운이 있음을 시사하는 것이다.

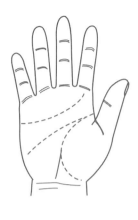

⑧ 운명선이 수경선 부근에서 출발하여 생명선에 흘러 들어가 있는 경우

유소년기에 있어서의 불운한 환경을 의미하는 것으로 소년기에 가정을 위해 희생하거나 좋지 못한 사정에 의해 순조로운 운명이 저지되는 것을 암시한다.

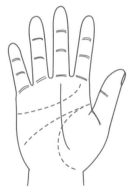

⑨ 운명선이 금성구에서 출발한 경우

이 사람이 어떤 이성에 대해 품은 강한 애정이나 사모가 본인의 전 생애에 영향을 주는 숙명적인 연정의 상이다. 대부분의 경우 이와 같은 상을 한 사람은 사랑해서는 안 될 사람을 사모하거나 결혼한 사람 또는 본인의 애정에 응할 수 없는 사람에게 애정을 품기 때문에 그 생애가 불행해지는 사람이다. 특히 여성에게 이 상이 있으면 가장 불운한 운명을 암시한다.

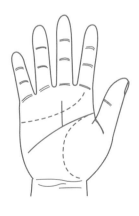

⑩ 운명선이 지능선에서 출발한 경우

운명선이 명료하고 좋은 모양을 하고 있으면 약 35세 이후부터 자신의 노력에 대한 행운과 성공이 시작됨을 의미한다. 그 행운이나 성공은 본인의 지력이나 지능에 의한 것이다.

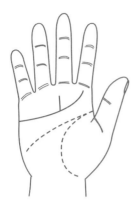

⑪ 운명선이 감정선에서 오르는 경우

약 50세 내지 55세 이후에 개운할 상이다.
이와 같은 운명선의 소유자는 필시 수많은
역경과 곤란을 겪으며 살아온 사람으로, 운
명선이 나타나 있는 만년은 편안한 생애를
보낼 수 있다.

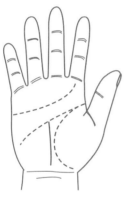

⑫ 운명선이 지능선에서 정지되어 있는 경우

잘못된 생각으로 생의 파멸이나 실패를 초
래하는 상이다. 만약 운명선이 약간이라도
지능선을 뚫고 있으면 그 손실이나 실패는
만회할 수 있다. 그러나 여자에게 그림과
같은 운명선이 나타나 있는 경우는 오해나
질투에 의한 이별을 암시한다.

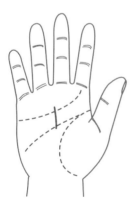

⑬ 운명선이 지능선과 감정선의 중간에 나
타난 경우

약 35세를 넘어 50세 전후의 시기인 장년
기는 순조로운 운세이지만 청소년기와 노
년기는 고로가 많은 불운한 처지임을 암시
한다.

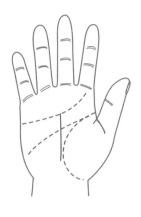

⑭ 운명선이 감정선에서 정지되어 있는 경우

악연에 의해 결합된 애정 관계나 결혼으로 인해 생의 파멸이나 실패를 초래하는 상이다. 감정선에도 이 같은 의미의 표시가 있으면 이 암시는 한층 강해진다. 또 이 상은 정 때문에 실패하는 상이라고도 한다.

⑮ 운명선이 도중에서 생명선에 흡수되거나 접촉하고 있는 경우

도중의 일부분이 생명선에 흡수되거나 접촉하고 있는 운명선은 유소년기에 있어서의 운명의 장해를 표시하는 것으로, 예를 들면 이 사람이 유소년기나 소년기에 질병, 재난, 가정적 불운 등 운명을 저해하는 불운에 빠지게 되는 것을 의미한다. 그러나 위로 뻗는 선이 명료하고 강하게 나타나 있으면 그러한 불운이나 역경을 뚫고 이후의 운세가 순조롭게 전진하는 것을 시사한다.

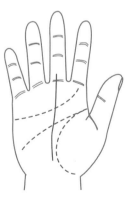

⑯ 운명선이 토성구를 지나 중지까지 들어간 경우

이와 같은 상은 일대의 권세나 자산이 남은 힘의 차질로 인해 비운의 종말을 맞이하게 되는 것을 시사한다. 이 사람은 자신의 역

량을 초과하는 야심이나 사업에 손을 대어 실패하는 사람으로 결국 도산, 실각 등 불행한 종국을 맺게 되는 사람이다. 여성의 경우는 일종의 후처 상으로 배우자와 젊어서 사별하는 사람이 많다.

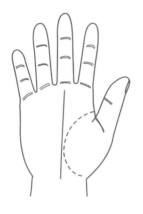

⑰ 운명선이 생명선에 근접하여 출발하고 있는 경우

육친이나 근친자의 힘에 의해 운세가 순조롭고 양호하게 전진하는 상으로, 유복한 가정에서 태어나 양육된 사람에게서 많이 볼 수 있다.

　운명선은 기점에 따라 각기 뜻이 달라진다. 대개 손바닥 중앙에서 출발하고 있는 경우는 자력에 의한 개운, 월구에서 출발하는 경우는 타인의 지원에 의한 개운, 금성구 쪽에서 출발한 운명선은 근친자에 의한 개운의 상이다.

⑱ 운명선이 두 개로 나란히 토성구로 오르는 경우

두 가지 운명을 나타내는 것으로 양 선이 모두 좋은 모양을 하고 있으면 두 가지의 사업에서 성공하는 것을 나타낸다. 이와 같은 경우 대체로 한쪽은 본업이요, 다른 하나는 취미 생활임을 암시한다.

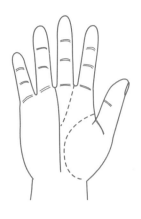

⑲ 운명선의 끝이 손가락과 손가락 사이로 흘러 들어간 경우

이 상은 낭비벽이 있음을 의미하는 것으로 축재蓄財하기 어려운 것을 나타낸다.

⑳ 운명선이 토성구와 목성구의 중간으로 향하는 경우

야심이 있는 적극적 성질의 사람으로 중년 이후의 운세는 양호하다. 그러나 여성의 경우는 남편운이 없다. 이 운명선은 생명선에서 출발한 경우도 있다.

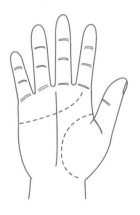

㉑ 운명선이 토성구와 태양구의 중간을 향하고 있는 경우

이 상이 여자의 손에 있는 경우는 자활 의식이 강해 맞벌이를 하거나 혹은 독립하여 일가를 부양하게 되는 숙명의 상이다. 이 상의 여성은 대개 손이 단단하며, 체력이 건강한 사람이 많다.

2) 두 갈래의 운명선

① 금성구에서 시작한 선이 운명선과 결합하여 상향하는 경우

친척이나 육친 등의 원조로 운세가 열리는 상이다. 예를 들면 유산 상속에 의해 행운의 길을 개척하거나 행복한 결혼 생활을 시작한다는 의미를 나타낸다.

② 운명선의 끝이 토성구에서 두 가닥으로 갈라진 경우

토성구 상에서 운명선의 끝이 좋은 모양을 하고 있으면 운명선이 나타내는 의의를 강조하는 것으로, 사업이나 일이 착실히 발전하는 길상이다.

③ 운명선의 기점이 화성평원에서 두 갈래로 되어 있는 경우

지능선의 밑에서 운명선의 하단이 두 갈래로 되어 있는 것은 제3자에 의해 영향을 받게 되는 것을 암시하는 상으로, 갈라진 부분에서 위로 뻗는 선의 좋고 나쁨에 의해 그 영향의 좋고 나쁨도 추측할 수 있다.

④ 운명선의 기점이 하나는 생명선 또 하나는 화성평원인 경우

생명선에서 토성구로 오르는 강한 지선은 좋은 운명을 시사하는 길상으로, 그 기점이 그림과 같이 두 갈래로 되어 있다면 그 의의를 더욱 강조하는 것이다.

3) 운명선의 끊어짐

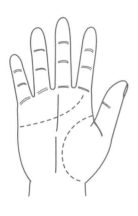

① 운명선이 도중에 끊어져 있는 경우

자금난, 실패, 재난 등의 불운이나 역경을 암시하는 상이다. 이러한 불운과 함께 직업의 변화, 주거의 변동 등도 아울러 생긴다. 그리고 이 끊어짐이 클수록 불운이 크며, 여성의 경우는 배우자와의 사별, 환경의 변화, 이연 등의 암시를 나타낸다.

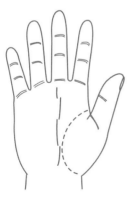

② 운명선이 약하거나 토막토막 끊긴 경우

일시적인 운세는 있어도 실패나 곤란 등의 고뇌가 많은 것을 나타낸다. 말하자면 불안정한 운명을 타고난 사람으로 직업, 가정, 주거 등 어느 한 가지도 안정되어 있지 않은 상태임을 암시한다.

③ 운명선의 끊어진 부분이 중복된 경우

이 상의 대부분은 처지나 지위의 변화를 의미하는 것으로 반드시 나쁜 상이라고는 할 수 없다. 즉, 끊어진 위쪽 부분의 선이 똑바로 힘차게 나 있으면 그것은 좋은 변화를 암시한다. 변화의 시기는 위쪽 선이 시작하는 유년에 의해 측정할 수 있다.

4) 파상 또는 섬을 동반하는 운명선

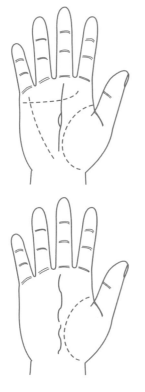

① 운명선의 도중에 섬이 나타나는 경우

이 상은 운명선의 유년에 의하면 약 20세에서 50세 전후의 연령기에 해당한다. 즉, 청장년기의 손해나 실패를 예고하는 것으로 대개는 금전상의 손실이 많다. 그러나 혈기가 왕성한 시기인 만큼 이성 관계에서 생기는 고뇌, 곤란, 분규를 암시하기도 한다.

② 운명선이 파상으로 된 경우

일생 가시밭길을 걷는 파란의 상으로 고난의 생을 사는 사람이다.

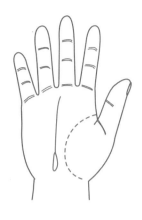

③ 운명선의 하단에 섬이 나타나는 경우

운명선에 이러한 상이 나타나 있는 것은 출생 당시에 비밀이 있음을 암시한다. 예를 들면 사생아이거나 혹은 이 사람의 출생에 따른 불법·불순한 어두운 사정이 숨겨져 있는 상이다.

④ 운명선과 지능선과의 교차점에 섬이 나타나는 경우

지능선과의 교차점에 나타나는 운명선의 섬 역시 실패나 손실을 나타내는 것으로, 이 경우는 자신의 둔감과 지능 부족에 원인이 있을 때가 많다.

⑤ 운명선과 감정선과의 교차점에 섬이 나타나는 경우

이 상은 애정 관계로 인한 손실 또는 실패를 나타내는 것으로 일종의 색난의 상이다. 이와 같은 상은 잘 주의하지 않으면 빠뜨리기 쉽다.

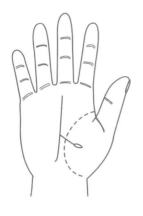

⑥ 여성의 손에 금성구 내의 섬이 그림과 같이 운명선과 결합하고 있는 경우

이와 같은 상은 남자에게 유혹당하거나 정조를 빼앗길 우려가 있는 징조를 나타내므로 주의해야 한다.

5) 운명선에서 출발한 상향의 지선支線

운명선에서 갈라져 나오는 지선이 목성구, 태양구, 수성구 중의 어느 한 곳으로 상향하고 있으면 그 구가 상징하는 특질에 의해 그 사람의 생애가 지배받게 되는 것을 암시한다.

이와 같이 운명선에서 출발한 상향의 지선은 길상선임에 틀림없지만 장해선이 나타나 있지 않아야 한다. 더욱이 상향 지선이 나타내는 의미를 정확히 파악하기 위해서는 지능선과 손의 형태 등도 신중히 관찰하는 것이 중요하다.

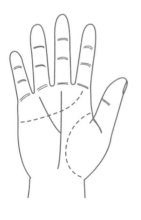

① 운명선에서 갈라진 지선이 태양구로 향하고 있는 경우

운명선에서 갈라진 지선이 태양구에 도달해 있으면 성공이나 재운을 암시하는 대길상이다. 그리고 지선의 분지점이 나타내는 유년에서 그 행운이 열린다.

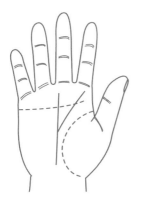

② 운명선의 지선이 목성구로 향하는 경우

운명선 상에서 출발한 지선이 목성구에 접근하고 있으면 그 사람의 야심이나 의도가 실현될 가능성이 있음을 나타낸다. 만약 이 지선이 목성구의 중앙에 도달해 있다면 가장 멋진 행운을 나타내는 것으로 권력, 지위, 재운 등에서 사회적 성공을 거두는 길상이 된다. 또한 이와 같은 선이 방형이나 비형의 손에 나타나 있으면 그 의의는 한층 더 강해진다.

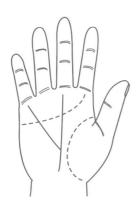

③ 운명선의 지선이 수성구에 이르는 경우

이 지선도 전자의 두 개의 지선과 마찬가지로 성공을 약속하는 길상이지만 이 경우는 어떤 특정 업종에 관한 성공을 시사하는 것으로, 주로 과학이나 실업 방면에서의 성공을 예고하는 것이다.

6) 운명선에 나타나는 여러 가지 문紋

운명선에 나타나는 여러 가지 문紋 중 특히 십자문과 성문은 선의 어느 부분에 나타나 있어도 불행, 손실, 실패, 재난 등의 불길을 암시한다. 그리고 그와 같은 나쁜 사태가 발생하는 시기는 십자문과 성문이 나타나는 운명선 상의 유년에 의한다.

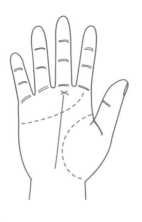

① 운명선이 토성구에서 십자문으로 끝나 있는 경우

이 상은 비극적인 말로를 암시하는 흉악한 상이다. 대개의 경우 비업非業의 죽음을 맞이하는 숙명을 예고하는 것이지만 사실 이와 같은 상은 사형수의 손에서 많이 볼 수 있다.

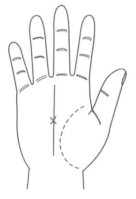

② 운명선의 도중에 십자문이 있는 경우

이 십자문이 나타나는 유년에 있어 숙명적으로 손실, 불행, 실패, 재난 등을 당하는 불길한 운명을 암시한다.

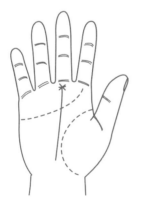

③ 운명선 상에 성문이 나타나는 경우

이 상은 십자문보다도 더 큰 비운을 시사하는 것으로 불의의 손해, 재해, 위화 등을 예조하는 흉상이다. 토성구 상에 나타나 있는 성문과 밑에서 올라오는 운명선이 결합되어 있다면 이것도 십자문과 똑같이 비업의 죽음을 암시하는 흉상이 된다.

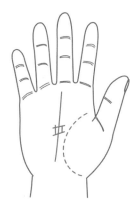

④ 운명선 상에 사각문이 나타나는 경우

이 상은 재난, 손실, 불운과 맞닥뜨려도 회복
이 빠르고 손실의 정도가 가볍다는 의미다.

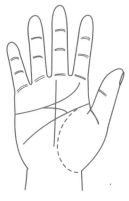

⑤ 운명선에 신비십자문이 있는 경우

감정선과 지능선의 중간에서 운명선과 교
차하여 생기는 십자문은 특이한 의의를 나
타내는데, 이를 신비십자문이라 부른다. 이
신비십자문은 각종 신비술이나 점성술 또
는 운명술 등에 뛰어난 재능이 있는 것을
나타낸다.

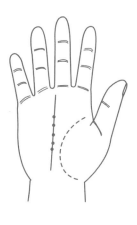

⑥ 운명선에 반점이 나타나는 경우

운명선 상에 그림과 같이 반점이 나타나 있
는 것은 불길한 상이지만 대부분은 일시적
인 것으로 그것이 표시하는 의미 또한 강하
지 않다.

7) 운명선과 장해선

운명선을 자르는 무명선無名線은 그것이 비록 짧고 가느다란 선으로 되어 있을지라도 그 선의 절단 부위에 관계없이 운명상에 차질이 생기는 것을 암시하는 장해선이 된다. 이 장해선은 실의, 실패, 곤란 등의 역경을 시사하는 불길한 상이다. 그리고 운명선과 장해선이 교차하는 지점이 바로 그와 같은 나쁜 사태의 발생 시기를 나타내는 유년이 된다. 또한 장해선은 단선인 경우도 있지만 수 개의 복선이 동시에 나타나는 경우도 있으며, 후자의 경우가 한층 더 나쁘다.

① 금성구에서 출발한 장해선이 운명선을 끊고 있는 경우

이 상은 친척이나 가족으로부터 입는 실패나 손실 또는 애정 관계의 파란을 암시하는 것으로, 특히 남자의 경우는 애정 관계로 인해 운명에 차질이 생기는 것을 예시한다. 그러나 장해선에서 위로 뻗는 운명선의 좋고 나쁨에 의해 그 후의 운명을 판단해야 한다. 이와 같은 장해선은 또 제3자의 간섭이나 방해로 지위나 명성이 저해당하는 것을 의미하는 경우도 있다. 여기서 주의해야 할 것은 똑같이 금성구에서 출발하는 선일지라도 그 선이 운명선과 직선으로 교차하고 있는 것만이 장해선이며, 위로 비스듬히 교차하고 있는 경우는 장해선이 아니라 영향선이 된다는 것이다.

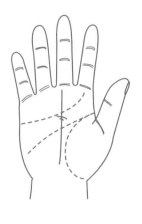

② 운명선의 도중에 장해선이 나타나 있는 경우

30세에서 55세 전후에 해당하는 중년기에 있어 실의, 손실, 실각 등 나쁜 사태가 발생함을 예고하는 것으로 그 원인은 다분히 애정 관계에 의한 경우가 많다. 물론 그 시기는 유년에 의해 알 수 있다.

제**11**장

태양선 太陽線

1. 태양선의 개설

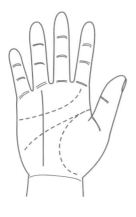

1) 위치

태양선이란 제1수경선의 조금 상부에서 출발하여 약지 밑의 태양구를 향해 똑바로 오르는 선을 말한다. 이것은 태양선의 표준형으로 이 외에도 다른 위치에서 출발하는 태양선도 있다.

생명선에서 출발하는 태양선

월구에서 출발하는 태양선

운명선에서 출발하는 태양선

화성평원에서 출발하는 태양선

지능선에서 출발하는 태양선

감정선에서 출발하는 태양선

태양구에서 단독으로 출발하는 태양선

태양선의 기점은 이상과 같이 각각의 위치에서 발원하지만 그 종단은 모두 태양구로 향한다는 점에서 일치한다.

2) 의의

태양선은 성공, 명성, 재운, 번영 등 그 사람 생애의 행운을 표시하는 것으로, 그것은 마치 태양과 같은 빛을 상징하는 선이다. 그러나 운명선만 나타나 있는 손이 반드시 행운과 순조로운 운명을 표시한다고 단정할 수 없는 것처럼 태양선만 나타나 있는 손을 보고 확정적으로 빛나는 행운이 약속된다고 단정하는 것은 금물이다.

태양선은 운명선과 병행하여 상승하는 것이 가장 이상적인 것으로, 좋은 운명선에 의해 약속된 성공이나 행운의 길상을 태양선이 보증한다고 보면 된다. 그러나 운명선이 나타나 있지 않아도 다른 주요선이 대개 보통으로 되어 있으면 십중팔구는 태양선의 기점이 나타나는 유년부터 만사가 좋아지거나 번영 또는 성공하게 된다.

태양선이 불행이나 불운을 표시하는 운명선과 함께 나타나 있을 때도 있다. 그러한 사람은 불행, 실의, 낙담 혹은 역경에 처할지라도 적어도 외관만은 밝고 행복하고 즐거운 것처럼 보인다.

3) 태양선과 손의 형型

태양선과 운명선은 정신적 경향이 강한 성격을 표시하는 손(원추형,

189

첨두형, 사색형)에는 명료하게 나타나지만 물질적 성격을 표시하는 손 (방형, 원시형, 비형)에는 좀처럼 나타나지 않는다. 이 점은 충분히 고려해둘 필요가 있다. 물질형의 손에 명료한 태양선이 나타나 있으면 그 힘은 대단히 강한 것이 되기 때문이다. 이것은 운명선에 대해서도 똑같다고 할 수 있다.

정신적 경향이 강한 손(원추형, 첨두형, 사색형)에 태양선과 운명선이 전혀 나타나 있지 않다면 그 사람은 아무리 뛰어난 재능과 두뇌를 갖고 있어도 영광이 없는 어두운 인생을 살아가는 것으로, 그 생애는 칠흑 같은 어두움에 갇혀 결실을 맺지 못하고 일생을 마치게 되는 것을 의미한다.

좋은 태양선이 운명선과 함께 원추형의 손에 명료하게 나타나고 동시에 좋은 경사 지능선을 동반하고 있으면 예술, 무대, 가곡, 예능, 문필 방면에서 빛나는 성공을 거두는 것을 표시한다. 원추형의 손인 사람은 감동적, 정서적인 성질을 소질적으로 갖고 있기 때문이다. 그러나 운명선이 나타나 있지 않거나, 나타나 있어도 빈약하게 되어 있는 경우, 혹은 태양선과 운명선은 모두 명료하게 나타나 있지만 지능선이 빈약하게 되어 있으면 명성이나 지위 등에 대한 절망을 나타내는 데 지나지 않는다. 이 경우는 자기 자신은 창작력과 표현력 부족으로 작품 활동에는 참여할 수 없지만 예술에 대한 감상에는 뛰어난 사람임을 나타낸다.

태양선이 사색형의 손에 나타나 있는 경우는 쾌활한 성격을 표시하는 것 이외에는 그다지 의미가 없다. 사색형의 손을 가진 사람은 소질적으로 부나 지위, 세속적인 성공 등에는 관심이 적기 때문이다.

2. 태양선의 여러 가지 형상

1) 일반적인 태양선

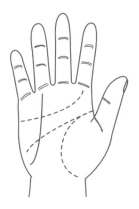

① 태양선이 월구에서 오르고 있는 경우

태양선이 월구를 기점으로 하는 경우는 단지 변화가 많은 불안정한 생애나 파란 많은 생애를 암시하는 데 지나지 않는 경우가 많다. 이와 같은 태양선이 예외적으로 강하고 명료하게 새겨져 있으면 성공이나 명성을 잡는 표시이지만 그 행운도 일반적인 인기나 유행 등에 의한 것으로 대중의 동향에 강하게 좌우된다. 따라서 안정되고 확실한 표시라고는 볼 수 없다. 그러나 배우, 예술가, 종교인, 가수, 무용가 등의 손에 이와 같은 태양선이 강하게 나타나 있으면 성공을 약속하는 길상이 된다.

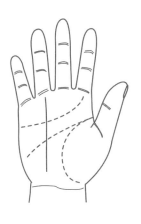

② 태양선이 손바닥의 아래쪽에서 일직선으로 태양구를 향해 오르는 경우

사회적인 명성을 얻거나 금운을 잡거나 혹은 성공을 예조하는 길상이다. 손의 형과 지능선이 정신적 경향을 나타내면 예술이나 예능 방면에서의 성공을 의미하고, 물질적 경향을 나타내면 사회적 지위나 사업 및

발명, 발견 등의 방면에서의 성공을 암시한다. 또 이 태양선에 병행하여 운명선이 잘 나와 있으면 대단한 행운과 성공의 대길상이 된다.

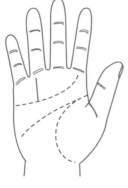

③ 태양선이 감정선에서 일어나는 경우

만년, 즉 50에서 55세 이후가 되어서부터 행운이 열리는 것을 시사한다. 대개의 경우 만혼의 행복을 예조하는 것으로 성공이라기 보다는 세상에 흔히 있는 만년기에 있어서의 안락한 환경을 의미하는 경향이 강하다.

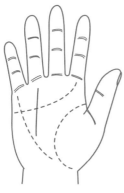

④ 태양선이 화성평원에서 오르는 경우

이 선은 손바닥 중앙의 오목한 부분에서 단독으로 오르는 태양선이다. 이 상의 사람은 얼마간의 고로나 곤란한 길을 거친 후에 자력으로 중년 이후에 성공한다.

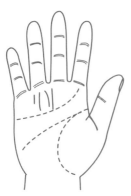

⑤ 태양구 상에 여러 개의 태양선이 나타나는 경우

이 경우는 태양선이라 하기에는 너무 빈약하다. 이와 같이 태양구에 네다섯 개의 약한 선이 나타나 있는 것은 좋은 의미를 시사하지는 않는다. 이 상의 사람은 예술적 소질은 있지만 이것저것 진행하던 바의 목적을 바꾼다거나 여러 가지 일에 마음이 흩어지는 사람으로 사고력이 산만하여 현실에서 성공하는 일은 거의 없다.

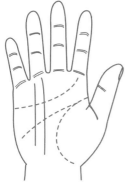

⑥ **명료하고 힘찬 두 개의 태양선이 태양구로 오르는 경우**
이와 같은 상의 사람은 두세 개의 다른 일에 손을 대어 모두 성공하게 된다. 그러나 태양선은 명료하게 새겨진 단 하나의 선이 가장 이상적인 것이다.

⑦ **태양선이 제2화성구에서 출발한 경우**
이 상은 맨몸으로 시작하여 점차 자신의 기반을 쌓아가는 노력형의 성공을 시사한다. 특히 접객업으로 성공한 사람의 손에서 많이 볼 수 있다.

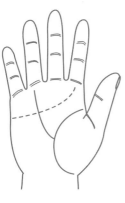

⑧ **태양선이 생명선에서 오르고 있는 경우**
이와 같이 생명선에서 출발한 상향의 지선은 모두 노력선이라 부르는 것으로 이 선 역시 이 사람의 개인적 노력으로 인한 성공, 금운의 길상이다.

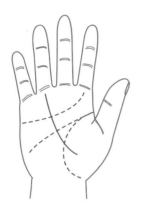

⑨ 태양선이 금성구에서 출발한 경우

이 상은 예술 방면, 특히 사랑을 주제로 한 글로 성공하는 상이라고 설명하는 수상가도 있지만, 손의 형과 지능선의 상태 등도 아울러 관찰하지 않으면 안 된다.

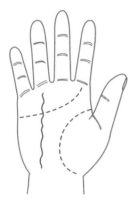

⑩ 태양선이 파상으로 된 경우

선이라는 것은 직선이 아니면 힘이 없다. 이와 같은 파상의 선은 태양선 자체의 의미를 약하게 하고 동시에 불확실하게 하므로 성공과 금운이 있다 해도 그것은 불안정하고 영속성이 없는 것이다. 또 이 상의 사람들 중에는 확고한 자신이 없어 갈팡질팡하는 사람이 많다.

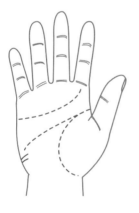

⑪ 월구의 밑부분에 그림과 같은 사선이 나타나 있는 경우

이 선은 보통 두 개 내지 세 개의 짧은 선으로 새겨져 있는 경우가 많다. 이것도 일종의 태양선으로 사람들에게 사랑받고 대중의 인기를 모으는 상이다.

⑫ 금성구에서 출발한 선이 태양선에 근접하여 오르는 경우

배우자나 육친 또는 친척 등 가까운 사람의 협조나 원조에 의해 행운이 생기는 것을 시사한다.

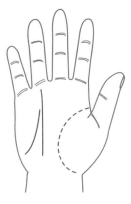

⑬ 월구에서 출발한 선이 태양선에 붙어서 오르는 경우

이 상은 유산 상속의 길상이다. 월구에서 출발한 선이 이와 같이 붙어서 오르는 경우는 애정 관계를 나타내는 영향선이 되기도 한다.

⑭ 태양선의 끝이 세 개로 되어 하나는 토성구로, 또 하나는 수성구로 향해 있는 경우

태양선 중에서 가장 좋은 길상선이다. 이와 같이 태양선이 좌우의 지선과 함께 명료하고 힘차게 나타나 있으면 대단한 행운과 성공 및 금운에 혜택받은 상이다. 물론 이 경우에도 운명선, 지능선의 좋고 나쁨을 아울러 관찰해야 한다.

⑮ 태양선의 끝이 송이와 같이 어지럽게 되어 있는 경우

이 상은 하나의 목적에 전념할 수 없고 이 것저것에 마음이 흩어져 성공하지 못하는 상이다.

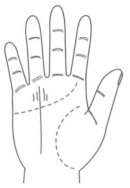

⑯ 태양선이 태양구에서 작은 몇 개의 부선을 동반하는 경우

태양선이 아무리 좋은 모양을 하고 있어도 그 끝의 양쪽에 짧고 가는 여러 개의 선을 동반하고 있다면 태양선 자체의 힘을 감소시키는 것으로 큰 성공은 기대할 수 없다.

2) 태양선의 지선支線

태양선에서 상향으로 지선이 나와 있으면 태양선 자체의 힘을 강하게 한다. 그러나 하향의 지선은 반대로 태양선 자체의 힘을 감소시킨다.

① 태양선의 지선이 목성구에 이르는 경우

태양선의 어느 부분에서 출발해도 그 지선이 목성구를 향해 뻗어 있다면 사회적 지위나 재운에 혜택받은 길상이다.

② 태양선에서 출발한 지선이 토성구에 이르고 있는 경우

태양선의 지선이 토성구에 이르고 있으면 착실하게 노력하여 한 걸음 한 걸음 점진적으로 성공하는 것을 나타낸다.

③ 태양선에서 출발한 지선이 수성구에 이르고 있는 경우

전자의 경우와 같이 태양선의 어느 부분에서 갈라질지라도 그 지선이 수성구에 이르고 있으면 실업계나 과학 방면의 어느 한쪽으로 성공하는 길상이다.

3) 태양선의 끊어짐

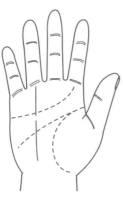

태양선의 끊어짐은 실의나 실패의 역경을 표시한다. 그러나 끊어진 위쪽의 선이 명료하고 힘이 강하다면 꼭 재기하여 성공하는 운세를 예조하는 것이다.

197

4) 태양선과 문紋

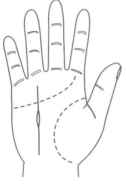

① 태양선의 도중에 섬이 있는 경우

이 상은 태양선 자체가 약속하는 행운이나 성공 혹은 인기 등의 길상을 파괴한다는 표시다. 대부분의 경우 이 섬은 부정 사건에 관련하여 실의, 실각, 실패, 손실 등을 당하는 것을 암시한다.

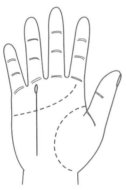

② 태양선의 끝에 섬이 있는 경우

이 상은 비록 초년에 공을 세워 이름을 얻고 재운과 사회적 지위를 쌓아도 말년에 어떤 원인으로 인해 실각하거나 실패하는 것을 예고한다.

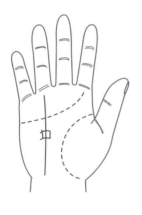

③ 태양선 상에 사각문이 나타나는 경우

이 상은 태양선의 힘을 보강하는 것이다. 예를 들면 재난, 불행, 불운을 당해도 치명적인 상태에 이르지 않는 것을 의미한다. 또 태양선에 십자문 또는 반점 등의 불길을 나타내는 상이 있어도 그것을 사각문이 감싸고 있으면 그러한 흉문이 표시하는 의의를 감소시켜 가벼운 정도로 끝을 맺는다는 암시다.

요약하면 태양선 상의 사각문은 그 사람의 명성, 신망, 지위, 신분 등에 대한 보호의 역할을 담당하는 것이다.

④ 태양선 상에 성문이 나타나는 경우
운명선 상의 성문은 흉상의 의미를 나타내지만 똑같은 성문일지라도 태양선 상에 성문이 있는 경우는 태양선 자체의 힘을 강화하는 표시이고, 더불어 커다란 행운이 있음을 시사한다.

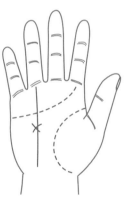

⑤ 태양선 상에 십자문이 나타나는 경우
십자문은 선의 어느 부분에 나타나 있어도 태양선 자체의 힘을 감소시키는 표시로 성공, 명성, 인기의 실추를 의미하는 것이다. 선의 의미를 감소시킨다는 것은 선이 상징하는 의의를 파괴 또는 약화시킨다는 뜻이다.

5) 태양선과 장해선

짧고 가는 선이나 생명선의 내측 또는 그 방향에서 출발하는 선이 태양선의 일정 부분을 끊고 있다면 그것은 모두 태양선에 대한 장해선이 된다. 만약 이러한 장해선이 태양선을 자르고 있거나 접촉하고 있으면

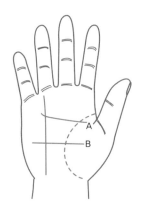

질투, 시기, 간섭, 방해 등의 사태가 발생하는 것을 의미한다. 이 장해선이 제1화성구에서 출발하고 있는 경우(A)는 동성의 방해나 간섭을 의미하고, 금성구에서 출발하는 경우(B)는 이성의 간섭이나 방해 또는 친척이나 친근자로부터 입는 손실, 불운 등을 예조한다. 이러한 장해선이 시사하는 명성이나 인기의 실추 또는 금전상의 손실 등이 일어나는 시기는 장해선과의 교차점이 나타내는 태양선의 유년에 의해 측정할 수 있다.

① 태양선을 끊는 장해선이 있는 경우
태양선을 끊는 장해선은 그 지점이 어디이든 질투, 시기, 간섭, 방해 등의 사태가 발생하는 것을 나타낸다.

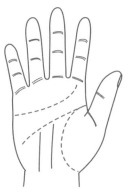

② 태양선이 지능선에서 중지되어 있는 경우
초년기에는 화려한 생활을 할 수 있으나 중년 이후에는 곤란과 고뇌가 많은 불운한 생애를 보낼 상이다.

제12장

결혼선結婚線

1. 결혼선의 개설

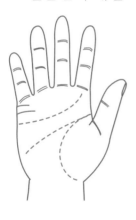

1) 위치

소지의 기저선(손가락 뿌리의 횡선)과 감정 선의 중간 부분을 수상학에서는 수성구라 부른다. 이 수성구의 측면, 즉 외측에서 구 상으로 나타난 한 개 내지 여러 개의 짧은 횡선을 결혼선이라 한다.

2) 이상적인 결혼선

결혼선에는 측면에만 새겨져 있는 극히 짧은 선도 있지만 손바닥 안 쪽으로 길게 뻗어 있는 선도 있다. 그러나 표준적인 결혼선은 소지와 약지의 중간에서 밑으로 가상 수직선을 그어 그 안쪽으로 나타난 똑 바른 횡선이 가장 이상적인 결혼선이다. 지나치게 짧거나 지나치게 긴 결혼선은 결코 행복한 애정 관계를 표시하지 않는다. 여기서 주의해야 할 것은 결혼을 의미하는 모든 선은 정식적인 법률상의 혼인 관계에만 한하지 않고 내연, 동거 등 남녀의 결합 관계 전체를 표시한다는 것이다.

3) 의의

결혼선이 3대 선과 똑같은 정도의 깊이나 혈색을 띤 힘이 강한 선으로 되어 있으면 그 사람은 따뜻한 애정을 가진 사람이다. 얇거나 약하게 되어 있고 혹은 선이 선명하지 않게 되어 있으면 그 사람은 박정하고 성질이 차가운 사람이다. 또한 결혼선이 전혀 나타나 있지 않은 사람은 애정 문제에는 전혀 무관심한 사람이다.

　행복한 결혼을 약속하는 결혼선은 명료하게 나타나 있어야 한다. 선에 끊어짐이나 섬, 그 외의 어지러움을 동반하는 결혼선은 모두 결혼 생활이나 애정 관계에 불행이나 파탄이 생긴다는 것을 암시한다.

4) 유년법

결혼선에 유년을 적용시켜보는 법도 있으나 실제에 있어 그 적중률은 현저히 낮다. 다만 결혼선이 감정선에 가깝게 나타날수록 조혼을 나타내고, 그 반대로 소지에 가까운 것은 만혼을 나타낸다고 보면 틀림이 없다.

2. 결혼 판단에 대한 주의

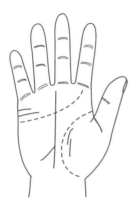

결혼의 암시, 즉 결혼의 시기와 그 길흉을 잡는 선으로는 주로 다음의 세 가지가 있다.

　　수성구 상에 나타난 결혼선
　　운명선에 결합하는 영향선
　　금성구 상에 나타나는 인상선

　이상의 세 가지 선은 동시에 세 선 모두 명료하게 나타나 있는 경우도 있지만 그중 어떤 것은 명료하지 않은 경우도 있다. 결혼에 관한 암시는 상기의 세 선을 가지고 그 시기나 길흉을 판단할 수 있지만 어느 것이 가장 명확하게 그러한 암시를 표시하는가는 개개인의 손에 따라 각기 다르다. 따라서 실제의 감정에 있어서는 이러한 세 개의 선을 종합적으로 관찰하여 하나의 선만으로는 판독할 수 없는 점을 상호 보완하고, 동시에 이러한 여러 선을 비교 대조하는 것으로써 보다 정확한 판단을 얻을 수 있다.

3. 결혼선의 여러 가지 형상

1) 일반적인 결혼선

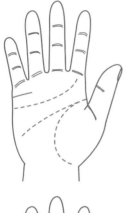

① 결혼선이 명료하게 하나로 나타난 경우

이 상은 가장 이상적인 한 사람과 결합하여 행복한 가정생활을 하는, 결혼에 혜택받은 길상이다. 양손 모두 동일하게 나타나 있으면 더욱 강력한 의미로 해석할 수 있다.

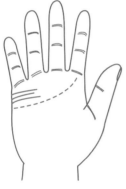

② 결혼선이 세 개 나타나 있는 경우

따뜻한 애정과 분위기를 가진 사람인 반면 바람기가 있는 사람이다. 배우자 이외의 어떤 이성과 교섭을 갖든가 혹은 재혼을 하게 되는 것을 나타낸다.

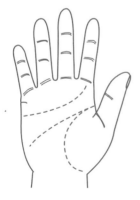

③ 결혼선이 대단히 짧은 경우

수성구의 표면에 끝이 미치지 못하고 측면에만 새겨진 짧은 선은 일시적인 연애나 애정 관계, 혼약 등의 의미를 나타내는 것으로, 길고 명료한 결혼선이 표시하는 안정된 남녀의 결합 관계를 나타내는 것은 아니다. 또 긴 결혼선이라도 선 자체가 약하게 나타나 있으면 같은 의미로 해석할 수 있다.

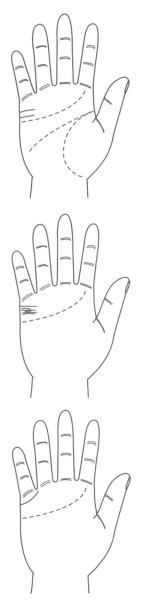

④ 두 개의 결혼선이 명료한 경우

소지의 기저선과 감정선의 사이를 삼등분한 것과 같은 위치에 결혼선이 두 개씩 좌우의 손에 똑같이 새겨져 있는 것은 두 번 신혼 기분을 맛보는 사람이다. 즉, 전혀 다른 사람과 재혼하는 경우와 오랜 기간 별거하고 있던 상대와 다시 부부 생활에 들어가는 경우의 두 가지가 있다.

⑤ 결혼선이 무수히 많이 있는 경우

이와 같은 상은 호색의 상으로 거의가 바람둥이다. 그러나 이와 같은 선 중에서 길고 명료한 선이 수성구의 표면으로 돌출되어 있으면 그것은 결혼이나 장기간의 동거 생활을 암시하는 것이다.

⑥ 결혼선의 끝이 소지 쪽으로 굽어져 있는 경우

이 상의 사람은 대개는 결혼하지 않는 경우가 많은 소위 후가상(과부상)이다. 남편이 있는 여성일지라도 자력으로 사회에 진출

해야 할 운명을 가진 사람으로, 선 끝이 소지에 접근할수록 그러한
경향이 강하다.

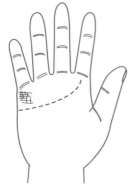

⑦ 결혼선이 종횡으로 나타나 있는 경우

이 선은 독신 여성에게서 많이 볼 수 있는
상이다. 이 상의 여성은 대개 바람둥이로
정식 결혼에는 인연이 없고 접객업에 종사
하는 여성이 많다.

⑧ 결혼선의 끝이 하향하여 감정선을 끊고
내려간 경우

이 상은 두 가지 의미를 나타낸다. 하나는
배우자나 애인의 급사, 또 하나는 애정의
냉각에 의해 가정생활이 파탄하거나 이별
하는 것이다.

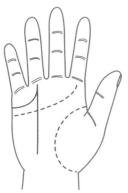

⑨ 결혼선의 끝이 태양선과 결합하고 있는
경우

그림과 같이 나타난 상은 저명인사나 부유한
상대와 결혼하는 것을 암시한다. 여성의 경
우라면 소위 꽃가마 타는 길상이다. 결혼선
에서 출발한 상향의 지선이 태양선과 결합하
고 있는 경우 역시 같은 의미를 나타낸다.

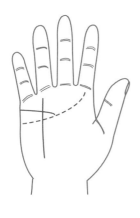

⑩ 결혼선의 끝이 하향하여 태양선을 횡단하는 경우

선 끝이 상향하여 태양선과 결합하는 경우는 결혼의 길상을 암시하지만, 반대로 결혼선이 하향하여 태양선과 교차하는 것은 혼인에 의해 지위나 재산을 잃게 되는 불행한 결혼을 암시한다.

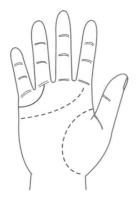

⑪ 결혼선의 끝이 상향하여 태양구로 들어가 있는 경우

이와 같은 상은 행복한 결혼을 시사하는 것으로 저명인사나 재산가와 결합하는 경우가 많은 일종의 길상이다.

2) 두 가닥으로 갈라진 결혼선

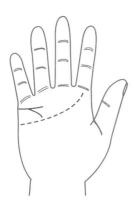

① 결혼선의 끝이 두 가닥으로 갈라져 있는 경우

일반적인 의미로 별거의 상이라 한다. 갈라진 두 가닥이 극히 작은 경우는 전지요양, 여행, 출장 등 장기적인 부재에 의한 별거를 의미하지만 크게 두 가닥으로 갈라져 있는 경우는 부부간의 이혼이나 애인 간의 이별을 암시한다. 그 시기는 운명선의 유년을 보면 알 수 있다.

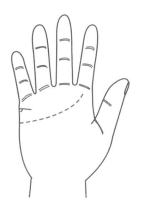

② 결혼선의 기점이 두 가닥으로 되어 있는 경우

기점이 두 가닥으로 되어 있는 것은 결혼 당초의 정체를 나타내는 것으로, 그 결혼은 어떤 사정이나 원인으로 원활히 진행되지 않지만 종국엔 결혼에 골인하는 것을 나타 낸다.

3) 결혼선과 문紋

결혼선 상에 섬, 십자, 사각, 쇄상 등의 불길한 문이 나타나 있으면 애정 관계나 부부간에 어떤 고장이나 분규가 생기는 것을 암시한다.

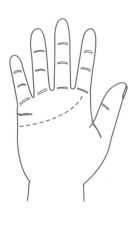

① 결혼선이 쇄상이나 섬으로 되어 있는 경우

이와 같은 불량한 결혼선을 가진 사람은 결혼 생활에 들어가도 끊임없이 분규나 번민이 생겨 평온한 가정생활을 영위할 수 없다. 이 상은 물론 결혼하지 못한다는 것도 암시한다.

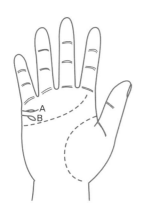

② 결혼선의 도중에 섬이 있는 경우

결혼선의 도중에 섬이 있는 것은 부부간에 불만이 잠재하고 있는 것을 암시한다. 비록 섬이 있더라도 결혼선이 평탄하면 그 불만은 그다지 문제가 되지 않는다(A). 그러나 감정선에 접촉하는 하향의 결혼선에 섬이 있다면 불만이 폭발하여 이혼에까지 이르게 된다(B).

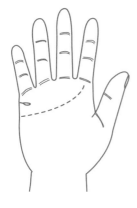

③ 결혼선의 끝에 섬이 있는 경우

이 경우의 섬은 아무리 작은 것일지라도 중대한 의미를 지닌다. 대개의 경우 질병, 고민, 별거 등의 사정으로 이별하는 것을 예조한다. 이 섬은 배우자와의 사별을 예고하는 경우도 있다.

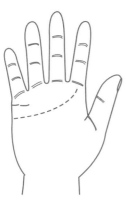

④ 결혼선이 도중에서 끊어진 경우

이와 같은 상은 어떤 원인으로 인해 부부 생활이나 애정 관계가 파탄하는 것을 의미한다.

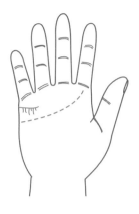

⑤ 결혼선에서 하향의 지선이 나와 있는 경우

배우자가 허약하거나 병약하여 부부 생활에 고뇌나 곤란이 생기는 것을 시사한다. 이 상은 또 권태기 등 애정의 냉각을 나타내는 경우도 있다.

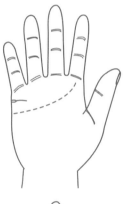

⑥ 결혼선의 기점에 섬이 나타난 경우

결혼이 오랜 기간 정체되거나 지연되는 등 결혼 당초의 고장을 암시하는 것으로, 이 섬의 끝에 나타난 결혼선이 명료하고 뚜렷하게 되어 있으면 평온한 결혼 생활을 하게 되는 것을 시사한다.

⑦ 결혼선이 금성대 속에 들어간 경우

이 상은 제멋대로의 생활과 감정, 애정 면에서의 방종을 암시한다.

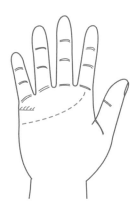

⑧ 결혼선에서 상향의 지선이 나와 있는 경우

결혼 생활의 행복을 시사하는 상이다. 이 상의 사람은 짙은 애정과 혜택받은 물질운에 의해 행복한 가정생활을 영위한다.

⑨ 결혼선의 끝에 십자문이 나타나 있는 경우

이 선 역시 불의의 사고나 재난 등에 의해 배우자나 애인이 급사하는 것을 예조한다.

⑩ 결혼선의 지선이 무지구, 즉 금성구로 향하는 경우

이 상은 어려운 문제 때문에 이혼하는 것을 나타낸다.

4) 결혼선과 장해선

결혼선과 결합하는 장해선은 장단에 관계없이 남녀 관계의 고장을 시사한다.

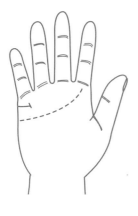

① 결혼선의 끝이 장해선으로 막혀 있는 경우

부부 중 어느 한쪽이 급사하는 것을 암시한다. 이 상은 또 어떤 사정으로 인해 결혼하지 않은 중년 여성에게서 흔히 볼 수 있다.

② 결혼선이 금성구에서 출발한 장해선과 만나고 그 장해선에 섬이 있는 경우

선의 어느 부분에 섬이 나타나 있는 것은 가정생활이 파국으로 끝나는 것을 암시하는 흉상이다. 이 상은 삼각관계나 정사가 원인이 되어 이연이나 이별을 하게 됨을 암시한다.

제13장

생식선 生殖線

1. 생식선의 개설

1) 위치

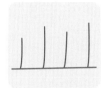

생식선이란 결혼선 상에 직립하여 나타나는 대단히 미세한 선이다. 이 선은 손가락 끝으로 이 부분을 밀면서 보면 명료하게 볼 수 있다.

생식선은 자녀선이라고도 부르며 이 선의 수와 태어나는 자녀의 수가 일치한다고 하는 수상가도 있지만 반드시 그런 것은 아니다.

2) 의의

키로는 생식선의 의의에 대해 다음과 같이 설명하고 있다. 자녀선의 폭이 넓고 깊게 되어 있으면 남아男兒, 선의 폭이 좁고 얕게 되어 있으면 여아女兒를 암시한다고 보며, 또한 이 선이 강하게 결혼선 상에 직립하여 나타나 있으면 건강한 체질의 아이로, 반대로 선이 약하거나 굽어 있으면 허약한 아이로 자라는 것을 암시한다고 한다. 그리고 출생하는 자녀의 수는 손의 외측에서부터 손바닥 쪽으로 첫째, 둘째, 셋째의 순으로 헤아린다. 즉, 키로에 의하면 생식선은 자녀의 수와 체질의 강약을 나타내는 선이라는 것이다. 그러나 필자는 이 선을 단지 생식세포의 강약을 나타내는 정도로 해석하고 싶다.

2. 생식선의 여러 가지 형상

① 생식선이 똑바로 힘차게 서 있는 경우

건전한 성세포를 표시하는 것으로 자녀를 생산할 수 있는 가능성과 건강한 아이가 출생함을 나타낸다. 또 이 선은 외측에서부터 첫째, 둘째의 순이라고 하지만 이 경우 고려해야 할 것은 자녀는 남녀 두 사람에 의해 태어나는 것이므로 당사자 쌍방의 손을 조사할 필요가 있다는 것이다.

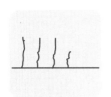

② 생식선이 굽었거나 옅게 나타나는 경우

약한 성세포를 표시하는 것으로 이 상의 사람은 자녀를 낳지 못하거나 낳는다 해도 허약한 아이가 태어나게 된다.

③ 생식선에 섬이 나타나는 경우

생식선의 근원에 나타나는 섬은 그 아이의 유년기의 병약을 암시한다. 그러나 그 섬에서 위로 뻗는 선이 힘차게 나타나 있으면 성장함에 따라 건강해지는 것을 암시한다. 생식선이 섬으로 끝나거나 또는 섬이 있는 부분에서 선이 끊어져 있으면 그 아이는 기르기 어렵게 된다는 암시다.

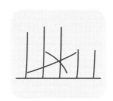

④ 여러 개의 생식선 중에 십자문이 나타나 있는 경우

남녀 어느 경우에도 생식선이 나타나 있는 결혼선 상에 십자문이 있으면 생식기의 고장을 의미하는 것으로 자녀 복이 거의 없다고 보면 된다.

1. 건강선의 개설

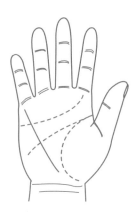

1) 위치

건강선이란 소지 바로 밑의 수성구에서 출발하여 생명선의 하부를 향해 경사져 달리는 선을 말한다. 대부분의 설은 이것과는 반대로 생명선의 하부에서 소지 쪽으로 달린다고 하지만 선의 원리에서 보았을 때 수성구에서 출발한다고 보는 것이 타당하다.

2) 의의

건강선은 생명선과 함께 현재의 건강 상태나 질병을 나타내는 선이다. 따라서 이 선은 다른 선과 비교했을 때 비교적 잘 변하는 경향이 있다.

여기서 다시 독자의 주의를 촉구하고자 하는 것은 생명선의 형상이나 길이는 단지 형질 유전에 의한 자연적 수명을 표시하는 것으로 질병, 위화 등으로 인한 생명 단축이 일어나지 않는 경우의 자연 발생학적 수명을 표시하는 데 지나지 않는다는 점이다. 그러나 건강선은 이 자연적 수명에 변화가 생기는 것을 표시하는 것으로 이 선이 질병을 나타낸다고 하지만 이것은 단지 병에 대한 사전적인 경고의 의미만을 나타낸다. 이 점에 특히 유의해야 한다. 문제는 이 경고에 응하는가 응하지 않는가 하는 것이다. 대부분의 사람들은 건강선에 나타난 경고를 무시하여 그 선이 암시하는 질병에 쓰러지게 되는 것이다. 하늘은 우리에게 많은 경고를 주었지만 인간은 이 경고에 너무나도 무지하기 때문에 결국에는 때를 놓치게 된다.

3) 표시

건강선이 명료한 것은 신경 계통의 쇠약이나 어떤 병이 진행 중인 것을 나타낸다. 그리고 이 선의 끝이 강하게 생명선에 침입하여 나타나 있는 것은 그 교차점이 나타내는 유년에 그러한 질병이 극점에 이르게 된다는 암시다. 또한 이 선을 관찰하는 경우는 3대 선의 상태나 손톱, 손바닥의 혈색 등을 종합적으로 조사해야 한다. 특히 생명선과 지능선의 상태에 각별히 주의해야 한다. 예를 들면 건강선이 나타나 있는 손의 생명선이 쇄상이나 파상의 약한 선을 하고 있으면 그와 같은 빈약한 생명선이 표시하는 허약한 체질은 더욱 악화되는 것이다. 또 이 손의 지능선에 쇄상이나 섬이 있으면 뇌병이나 두통 등의 병증을 명확히 알려주는 것이 된다.

건강선이 전혀 나타나 있지 않은 것은 건강한 체질과 건전한 신경 조직을 말해준다. 이와 같은 점에서 유추해보면 건강선이란 호칭보다 불건강선이나 질병선으로 부르는 것이 타당하리라고 생각된다. 하지만 일반적으로 건강선이란 명칭으로 통용되고 있으므로 그 명칭에 따른다.

2. 건강선의 여러 가지 형상

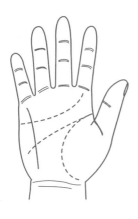

① 건강선이 직선으로 내려온 경우
똑같은 건강선도 이상과 같이 생명선에서 떨어져 똑바로 내려온 선은 본질적인 체질은 강건하지 않아도 외견은 강한 사람이다.

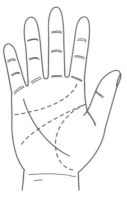

② 건강선이 생명선을 끊고 있는 경우
건강선이 생명선 부분에서 교차하고 있는 것은 그 교차점이 생명을 위협한다는 표시다. 그 위기는 질병에 의한 것으로 양 선의 굵기와 강도가 동일하다면 사기死期를 시사한다. 그 시기는 교차점의 유년에 해당한다.

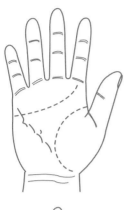

③ 건강선이 토막토막으로 된 경우

이와 같은 종류의 건강선은 대단히 많이 볼 수 있다. 선천적으로 체질이 약한 사람으로 위장이 약하거나 위장병에 걸려 있는 사람이다. 이 선은 소화불량의 표시다.

④ 건강선이 구불구불한 경우

이 상은 간장병 또는 신장병을 표시한다. 이 종류의 선이 황색을 띠고 있으면 간장병에 걸려 있는 것이다.

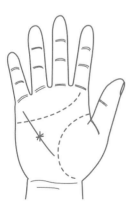

⑤ 약지의 아래에서 건강선에 성문이 나타난 경우

악질의 눈병에 걸린다는 표시다. 개중에는 맹인이 될 위험이 있다. 여자의 손에 이와 같은 선이 나타나 있는 것은 불임을 의미한다.

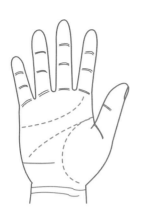

⑥ 월구의 저부보다 조금 위에 횡선이 나와 있는 경우

이것도 일종의 건강선으로 건강을 돌보지 않아 생기는 위장병을 표시한다.

⑦ 건강선의 기점이 작게 두 가닥으로 나뉘어 있는 경우

이 상은 체질이 약해져 빨리 노쇠한다는 암시다. 이 상은 또 과음 등에 의한 성적 장해를 표시하기도 한다.

⑧ 건강선에 섬이 나타나는 경우

건강선에 섬이 나타나 있는 것은 어떤 질병에 걸려 있는 것을 의미한다. 그리고 그 섬이 클수록 병의 정도가 큰 것을 암시한다. 섬은 건강선의 어느 부분에 나타나 있어도 병에 걸린 것을 나타낸다.

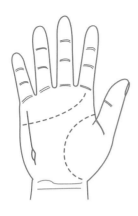

⑨ 건강선의 하부에 섬이 있는 경우

이 상은 신장 또는 방광의 질환을 예조하는
표시다.

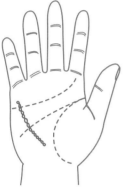

⑩ 건강선이 쇄상으로 된 경우

이것은 폐결핵을 나타내는 것으로 이와 같
은 사람은 손톱이 숟가락을 뒤집어놓은 것
과 같은 긴 계란형을 하고 있다.

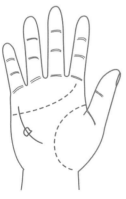

⑪ 건강선 상에 사각문이 나타나는 경우

이 사각문은 내장의 수술을 의미한다. 이때
는 생명선과 아울러 관찰해야 한다는 점도
잊어서는 안 된다.

제15장

금성대 金星帶

1. 금성대의 개설

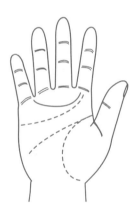

1) 위치

금성대란 감정선의 위쪽에서 토성구와 태양구를 둘러싼 활 모양의 선이다. 이 선은 대부분의 경우 인지와 중지 사이에서 일어나 약지와 소지 사이에 걸쳐 나타나는 것으로 선의 상태는 토막토막으로 되어 있는 경우가 많고 전혀 끊어짐이 없는 경우도 있다.

2) 의의

지능선의 장에서 설명했듯이 손바닥은 지능선에 의해 상하 두 개의 부분으로 나뉘어 상반부는 그 사람의 정신적인 면을 상징하고 하반부는 육체적, 동물적인 면을 상징한다. 금성대는 손바닥의 윗부분,

즉 정신적 구역에 나타나는 선이다. 따라서 금성대는 육체적인 것보다 마음속에서 육욕이나 정욕을 공상하는 경향이 강한 성질을 표시하는 것이다. 그러므로 금성대가 나타나 있는 사람은 성에 관한 그림이나 서적을 탐독하는 데 보다 많은 관심과 흥미를 가진 사람임을 나타낸다. 물론 연구 전문이라는 의미로서가 아니라 단순한 정신적 향락이 목적인 경우가 많다. 이 말은 실천적 난행을 표시하는 방종선이 손바닥의 밑쪽에 나타나는 것으로 이해될 것이다. 금성대가 표시하는 다른 면, 즉 강한 감수성이란 쉽게 흥분하거나 혹은 성질이 민감하고 신경질적인 것을 의미한다.

요약하면 금성대는 일반적으로 색정의 상으로 손의 형이나 구상丘相, 감정선, 지능선 등에 그것과 합치하는 상이 있는가 없는가를 확인하여 판정해야 한다. 만약 그러한 경향이 나타나 있지 않으면 신경과민이나 히스테릭한 성질을 표시한다고 판단하는 것이 적절하다.

금성대는 왕왕 상하로 끊어지고 떨어져 있는 감정선과 혼동하여 구별하기 어려울 때도 있다. 그러나 금성대는 대체로 가느다란 선으로 되어 있고 감정선은 보통 굵은 선으로 나타나 있으므로 대개는 구별할 수 있다.

2. 금성대의 여러 가지 형상

① 금성대가 끊긴 데 없이 명확히 나타나 있는 경우

대체로 조숙하여 성에 대한 자각이 빠르고 이성에 대한 관심이 강한 사람이다. 또한 성적 공상에 열중하거나 자독벽이 강한 사람이다. 물론 이러한 금성대가 강한 감수성의 의미만을 나타내는 경우도 있는 것을 잊어서는 안 된다.

② 금성대가 토막토막으로 된 경우

바람기, 방탕, 성에 대한 이상한 관심 등의 색정성을 표시한다. 그러나 그것은 대개 남자의 경우로 여자의 경우는 강한 감수성, 신경질, 히스테리 등을 표시하는 경우가 많다.

③ 금성대가 파상으로 된 경우

다정다감함의 표시다. 이 상의 소유자는 서정적이고 감성이 강한 성격의 사람이다. 물론 색정적이고 신경질적인 성격을 나타내는 경우도 있다.

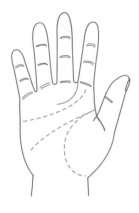

④ 인지와 중지 사이에서 토성구에 걸쳐 비스듬히 횡선이 나타나 있는 경우

이 선은 대개 조금 강하게 나타나는 사선으로 금성대는 아니다. 이 상의 사람은 이성에게 다정하고 친절한 성격으로 자신의 일 역시 열심히 하는 사람이 많은 듯하다.

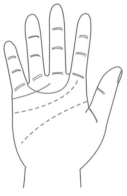

⑤ 결혼선이 금성대 안으로 들어와 있는 경우

이 상을 가진 사람은 성적 관심이 보통 사람 이상으로 강하지만 애정이나 결혼 생활은 행복하지 않은 경우가 많다. 여성은 강한 히스테리를 나타내는 경우가 많다.

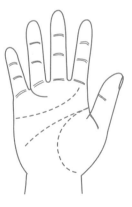

⑥ 약지와 소지의 사이에서 비스듬히 짧게 나타나는 선이 있는 경우

이 선 역시 금성대는 아니나 조금 강하게 나타난다. 이 선은 방탕선의 표시로 만약 이 선이 태양선을 끊고 있으면 방탕이나 여자로 인해 몸을 망가뜨리게 되는 비운을 암시한다.

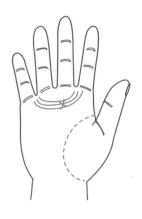

⑦ 금성대에 별이 있는 경우

황음, 자위 등의 성적 퇴폐를 나타내는 상
이다. 그뿐 아니라 악성의 성병에 걸려 있
는 경우도 많다.

제 16 장

영향선 影響線

1. 영향선의 개설

1) 위치

영향선은 측면에서 조금 상향하여 운명선으로 흘러 들어가는 짧고 가는 선이다. 이 선은 독립하여 단독으로 나타나지 않고 운명선의 외측, 즉 월구의 측면에서 운명선에 결합하는 것에 따라 비로소 의의를 갖는다는 점에 특징이 있다. 그리고 대부분은 짧고 가는 선이지만 개중에는 월구에서 출발하여 결합하는 긴 선도 있다.

2) 의의

다수의 가느다란 짧은 선이 상향하여 운명선과 결합하고 있는 것은 친구, 지인, 근친자 등에 의해 운명에 커다란 영향을 받는 것을 표시하는데, 그중에서 조금 강하게 월구의 측면에 나타나는 선은 이성에게서 받는 영향을 암시하는 결혼을 의미한다. 그리고 이 영향선과 운명선의 접촉점은 결혼의 시기를 나타내는 것으로, 그 시기는 접촉점이 나타내는 운명선의 유년에 의해 측정할 수 있다.

영향선이 왼손에 명료하게 나타나 있음에도 불구하고 오른손에는 전혀 나타나 있지 않은 경우가 있다. 이것은 본인이 상대방보다 강한 애정을 갖고 있는 것을 말하는 것이다. 양손 모두 영향선이 명료하게 나타나 있는 것은 결혼의 확실한 표시이고 동시에 서로 사랑하는 사이임을 나타내는 것이다.

2. 영향선의 여러 가지 형상

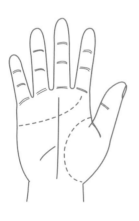

① 영향선이 운명선과 접촉하지 않는 경우
두 사람의 애정이 강해도 양 선이 결합되어 있지 않으면 어떤 사정이나 방해로 인해 결혼에 이르지 못하는 것을 암시한다.

② 영향선이 월구에서 출발하여 운명선과 결합하는 경우

이 상은 결혼이 낭만적인 로맨스에 의해 이루어진 애정 관계를 시사하는 것이다. 대개 여행 중에 결합된 인연을 말한다.

③ 짧고 가는 선이 운명선과 접촉하는 경우

이 단선과 운명선의 접촉점이 바로 결혼의 시기를 나타낸다. 그 시기는 운명선과의 접촉점이 나타내는 유년에 해당한다는 것은 상술한 바와 같다. 이 접촉점 이후, 즉 결혼 후의 생활은 영향선과 운명선이 만나는 지점 위의 선이 명료하게 되어 있으면 행복을, 그 위의 선이 약하거나 선명하지 않게 되어 있으면 불운한 앞날을 암시한다.

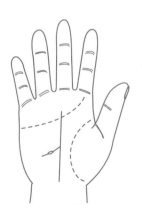

④ 운명선과 접촉하는 영향선에 섬이 있는 경우

이 섬은 결혼 상대에게 어떤 암영暗影이 있는 것을 나타낸다. 상대의 과거에 부정이나 불명예스러운 사건이 있는 것을 의미하는 것으로 그중 어느 것일지라도 불길한 결혼을 시사한다.

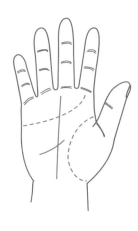

⑤ 영향선이 운명선을 끊고 있는 경우

영향선이 그림과 같이 운명선을 끊고 있는 경우는 연애나 결혼 생활에 영속성이 없는 것을 나타내는 것으로, 비록 두 사람의 인연이 계속될지라도 불행해지는 것을 의미한다. 대개의 경우 이 상은 결혼까지 발전하지 못하고 불행으로 끝나는 이성 관계의 표시로 보면 된다.

⑥ 끊어진 운명선의 상하에 영향선이 접촉하고 있는 경우

운명선의 중단은 환경의 변화를 나타낸다. 그림과 같이 상하의 두 편으로 끊어진 운명선에 상하 모두 영향선이 결합하고 있으면 재혼의 숙명을 예고하는 것이다.

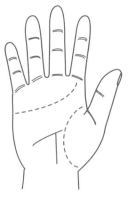

⑦ 영향선에 의해 운명선이 멎어 있는 경우

결혼에 의해 물심양면으로 큰 손해나 타격을 받는 운명 역전의 불운을 나타내는 상이다.

제 **17** 장

인상선 印象線

1. 인상선의 개설

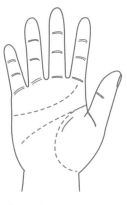

1) 위치

인상선이란 생명선의 내측을 생명선에 병행하여 달리는 가는 선이다. 제6장에서 설명했듯이 부생명선과 혼동하지 않도록 주의해야 한다.

2) 의의

인상선이 높고 생명선의 기점 부분에서 출발하고 있으면 유소년 시기의 추억에 남는 이성, 예를 들면 남자의 경우 유모나 가정교사 등에게서 받은 인상을 나타낸다. 주의 깊게 살펴야 할 것은 생명선의 유년이 20세를 나타내는 곳에서 출발하는 인상선으로, 이것은 이성과의 관계, 즉 연애나 결혼, 그리고 이별의 시기를 나타내는 신비하고 매우 흥미 있는 선이다.

　인상선은 정신적 경향을 나타내는 손(원추형, 첨두형, 사색형), 즉 다정다감하여 쉽게 감동하는 정에 약한 사람의 손에 대체로 많이 나타나고, 물질적 경향이 강한 성격을 나타내는 손(방형, 원시형)에는 잘 나타나지 않는다. 인상선은 생명선에 근접할수록 정열적이고 강한 인상을 나타내는데, 선 자체가 명료하거나 길게 되어 있는 것 역시 동일한 의미를 나타낸다. 인상선의 기점은 이성 관계의 개시 또는 연애나 결혼의 시작을 나타내고 선단은 그 관계의 파국을 암시한다. 여기서 기점과 종점의 연령은 생명선의 유년에 따라 측정한다.

2. 인상선의 여러 가지 형상

인상선이 좌우의 손에 길이와 위치가 똑같게 나타나 있으면 서로 사랑하는 관계를 의미하는 것이다.

① 인상선이 생명선에 병행하여 달리는 경우
연애, 애정, 결혼 등 남녀 관계의 결합을 표시하는 것으로, 이 선이 명확하고 길게 생명선에 붙어 달리면 그 관계가 영속되는 것을 암시한다.

② 인상선이 점차 생명선에서 멀어지는 경우

애정이 점차 엷어지는 것을 암시하는 것으로 결혼이나 애정에는 영속성이 없다. 이와 같은 경우 인상선이 생명선에서 떨어져 있어도 그 말단이 길게 뻗어 있으면 내측에서 떨어지는 유년부터 두 사람 사이에 불화가 생기지만 그 결합 관계는 계속되는 것을 암시한다.

③ 인상선이 생명선에서 떨어져 그 말단이 두 가닥으로 되어 있는 경우

인상선이 생명선에서 멀어지는 것은 애정의 냉각을 의미한다. 그 말단이 두 가닥으로 나뉘어져 있으면 별거 또는 이별을 시사하는 것이다.

④ 인상선이 생명선 쪽으로 접근하고 있는 경우

이 상의 사람은 헌신적인 애정이 세월과 함께 깊어지는 것을 암시한다.

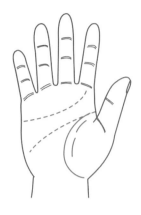

⑤ 인상선이 도중에서 끊어져 있는 경우

부부간이나 연인과의 사이에 감정 문제나 그 외의 사정으로 인해 일시적으로 파탄을 맞이하는 표시다. 선이 이와 같이 끊어져 있는 것은 또한 급사急死를 예고하는 경우도 있다.

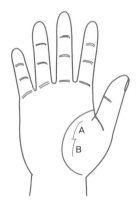

⑥ 인상선이 짧고 가는 횡선에 의해 저지되어 있는 경우

인상선이 짧고 가는 횡선에 의해 멎어 있으면(A) 배우자나 애인과의 이별 또는 사별을 암시한다. 또한 이 횡선에서 다른 선이 나타나 있으면(B) 헤어진 후에 다른 애인이나 배우자와의 관계가 시작되는 것을 암시한다.

⑦ 무지구 내에서 종횡의 가느다란 선이 무수히 교차하고 있는 경우

이 상은 신경과민증이 있는 다감한 성질의 소유자임을 나타내는 것으로 바람기가 많은 성격을 나타낸다.

⑧ 인상선이 끊어진 곳에 짧고 가는 사선 또는 횡선이 있는 경우

이별이나 이연이라 할 정도의 파국까지는 이르지 않는 분규나 고민을 예고하는 것으로 당사자 간의 다툼은 일시적인 것임을 암시한다.

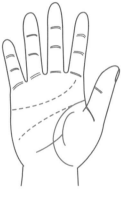

⑨ 인상선에서 출발한 지선이 월구 쪽으로 향하는 경우

극기심이나 자제심의 결여를 표시하는 것으로 이 상의 소유자는 주색에 빠지거나 정력을 낭비하는 경향이 강한 사람임을 나타낸다.

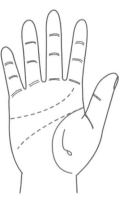

⑩ 생명선에서 멀어지는 인상선의 끝에 섬이 있는 경우

이 상은 이성에게 배반당하거나 속는 등 상대의 불의나 불신을 암시한다.

⑪ 다수의 인상선이 금성구에 새겨져 있는
경우

다정다감한 성질의 표시다. 이 상의 사람은
연애나 애정 면에서 동시에 많은 이성과 관
계를 맺는 사람이다. 말하자면 일종의 호색
의 상으로 이 손의 금성구가 불룩하게 융기
하고 혈색이 좋으면 이와 같은 경향은 더욱
강해진다.

⑫ 인상선의 중간에 섬이 나타나는 경우
이성 관계의 상대방, 즉 배우자나 애인이
신뢰를 배반하는 불신 행위를 일으키는 것
을 암시한다. 이와 같은 종류의 섬은 상대
방의 그런 불신 행위와는 별도로 그 상대가
일정 기간 동안 중병에 걸리는 것을 암시하
는 경우도 있다.

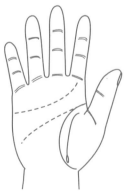

⑬ 생명선에 병행하는 인상선의 끝에 섬이
나타나는 경우
이 사람과 오랫동안 관계를 맺은 배우자나
애인이 장기에 걸친 병고 끝에 사망하는 것
을 암시한다. 앞의 ⑩과 혼동하지 않도록
주의해야 한다.

제18장

여행선 旅行線

1. 여행선의 개설

여행선은 생명선에서 출발하여 월구의 저부를 향하는 선과, 수경선
속에서 발원하여 손바닥을 상승하는 선의 두 종류로 여행의 길흉과
그 시기를 나타낸다. 여행선이 생명선에서 출발하는 경우는 유년법
에 의해 여행이 일어나는 시기를 꽤 명확하게 잡을 수 있다.

여행선은 생명선 자체가 갈라져 월구를 향하는 지선과 구별해야
한다. 원래 이 지선은 여행선과 똑같이 여행에 관계된 선이지만 여행
의 시기를 나타내는 선은 아니다. 또 이 지선은 일반적으로 주선인
생명선과 똑같은 굵기로 나타나는 것이 보통이지만, 여행선은 매우
가느다랗게 나타나며 생명선에서의 발원점이 바로 그 여행의 시기를
나타내는 것이다.

위에서 설명한 생명선에서 갈라져 월구의 저부에 이르는 지선이
생명선과 똑같이 강하게 나타나 있으면 일생 여행을 반복하여 어느

한 곳에 정착하지 못하고 태어난 고향을 멀리한 채 타향에서 생애를 마치는 사람이다. 또 생명선 상에 지선과 분지선이 하나도 없으면 멀리 여행하거나 이전하는 일이 드문 사람으로 태어난 고향을 떠나는 일은 거의 없다고 보면 된다.

2. 여행선의 여러 가지 형상

1) 생명선에서 출발한 여행선

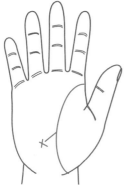

① 여행선의 끝에 십자문이 나타나 있는 경우
이 상은 사적이든 공적이든 그 여행이 실망이나 낙담으로 끝나는 것을 의미한다.

② 여행선이 섬으로 끝나는 경우
여행으로 말미암아 금전상의 손실이 발생하는 것을 표시한다. 이 외에 실패, 재해 등의 의미를 나타내기도 하지만 대개는 경제적 손실의 경우가 많다.

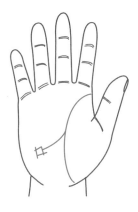

③ 여행선이 사각문으로 끝나는 경우

이 상은 여행 중에 맞닥뜨리게 될 어떤 큰 위험에 대한 보호의 표시다.

④ 여행선의 끝이 두 가닥이거나 원형으로 된 경우

이 상은 여행 중에 생명에 관계될 정도의 큰 위험을 만나는 것을 나타낸다.

2) 수경선에서 출발한 여행선

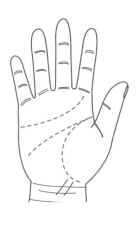

① 두 줄의 여행선이 수경선에서 금성구로 향하는 경우

여행 도중이나 여행 목적지에서 사망하는 흉상이다. 이 두 줄의 단선이 생명선을 끊고 있는 경우도 똑같은 의미다.

② 여행선이 수경선에서 출발하여 금성구를 뚫고 똑바로 목성구에 도달하는 경우

이 상은 매우 드물게 나타나지만 역시 여행선의 일종이다. 장기간의 여행에 의해 부나 지위를 얻는 것을 암시하는 것으로 여행선 중에서는 가장 좋은 상이다.

③ 두 줄의 여행선이 수경선에서 월구로 오르는 경우

여행의 목적을 달성하는 길상선이지만 여행 중에 위험과 만나는 경우가 많은 듯하다. 그러나 종국적으로는 길상을 암시하는 선이다.

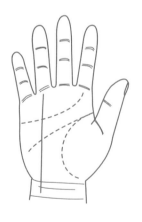

④ 여행선이 수경선 속에서 태양구로 오르고 있는 경우

이 선은 주의하지 않으면 태양선과 혼동한다. 태양선은 수경선의 조금 위에서 출발하는 선이지만 이 선과 같이 수경선 속에서 출발하는 것은 여행선으로 선 자체의 강약에도 차이가 있다. 이 여행선은 여행 목적지나 전임 목적지에서 성공이나 금운을 잡는 것을 암시한다.

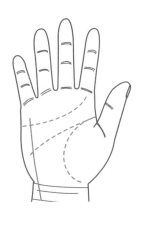

⑤ 여행선이 수경선 안에서 수성구로 오르는 경우

이 상은 ④와 같이 여행 목적지 또는 전임 목적지에서 뜻밖의 재운을 얻는 것을 나타내는 길상이다.

제 19 장

방종선 放縱線

1. 방종선의 개설

1) 위치

방종선은 그 나타나는 위치가 정해져 있지 않다. 또 선의 모양도 불규칙하다.

2) 의의

방종선은 정력의 낭비, 심신의 과로를 표시하는 선으로, 불규칙하고 부절제한 생활을 나타낸다.

2. 방종선의 여러 가지 형상

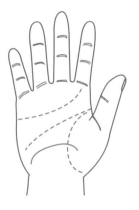

① 방종선이 월구와 금성구를 잇는 반원형
으로 되어 있는 경우

이 선은 선명하고 폭이 넓게 나타나는 것이
보통이다. 이와 같은 형상의 선이 방종선으
로서는 가장 대표적인 것이다.

　이와 같은 선은 음탕선이라고도 부르며
과도한 성교, 격한 정욕, 강한 연정 등의 의
미를 나타낸다. 그리고 이 선은 성병이 있음을 나타내는 경우도 있
다. 또 이 방종선과 생명선의 교차점은 방사 과도나 음탕의 결과로
인한 사기死期를 예고하게 된다.

　이 선은 또 음주, 마약 등 강한 자극을 추구하는 성벽을 나타내는
일도 있다. 그러나 체질이 약한 사람의 손에 있는 방종선은 단지 심
신의 과로를 의미하기도 한다.

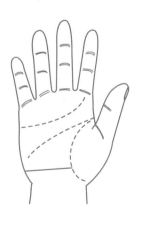

② 방종선이 월구에서 생명선 쪽으로 횡단
하는 경우

그림과 같은 방종선은 이것보다 조금 상부
에 나타나는 위장장애선과 혼동하지 말아
야 한다. 이 선 역시 방종선과 똑같은 의미
를 나타내는 음탕선이다.

제**20**장

직감선直感線

1. 직감선의 개설

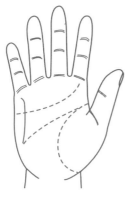

1) 위치

직감선이란 수성구에서 월구에 걸쳐 나타나는 활 모양의 선이다. 대개 선이 가늘고 개중에는 끊어져 있는 선도 있으며 월구에만 나타나는 경우도 있다.

2) 의의

이 선은 특이하게 발달한 민감성을 표시하는 것으로 이 상을 가진 사람은 예감, 영감靈感, 투시 등에 빼어난 감수성을 갖고 있어 역점, 운명 감정, 예언 등에서 기이한 능력을 발휘한다. 이 선을 가진 사람은 영감이 한번 움직이면 놀라울 정도로 뛰어난 직감력과 투시력을 발휘하지만 일반적인 보통의 상태로 돌아오면 자신이 한 행위에 대해 전혀 인식하지 못하는 경우도 많다. 그렇다고 직감선의 소유자가 언제나 그 불가사의한 신비력에 감싸여 있는 것은 아니다. 영감력이 발휘된 상태에서는 비록 완전한 무교육자일지라도 전혀 다른 사람이 되어 놀라울 정도의 투시나 예언을 하는 것이다.

1. 수성선의 개설

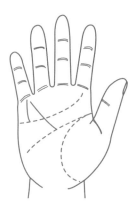

1) 위치

수성선이란 소지 밑의 수성구에 이르는 선
으로 이 선은 생명선, 월구, 화성평원, 화성
구 등에서 발원하는 경우도 있지만 수성구
에서 수직선으로 단독으로 나타나는 경우
도 있다.

이 선은 또한 수성구에서 발원하는 건강
선과 혼동하기 쉬우므로 선 자체의 상태나 방향 등을 주의 깊게 관찰
해야 한다.

2) 의의

이 선은 일반적으로 재운, 재능, 민첩성 등의 의미를 나타낸다. 수성

구 상에 단독으로 나타나는 수직선은 주로 과학적 재능 또는 재운을 표시하지만, 그 이외의 위치에서 출발하여 수성구에 이르는 비교적 긴 수성선은 상업이나 사업적 재능이 있음을 나타내는 것으로 이러한 재능에 의해 성공하는 것을 암시하는 길상이다.

2. 수성선의 여러 가지 형상

긴 수성선의 의의는 상술했듯이 사업이나 상업 방면에 있어서의 실업적 재능과 성공의 표시다. 이 선은 그 발원점이 어느 곳이든 똑같은 의미를 나타낸다.

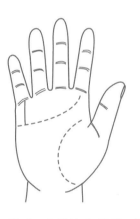

① 수성선이 깊고 일직선으로 새겨져 있는 경우

이 상은 현재 추진하고 있는 일이 순조롭게 발전하거나 성공하는 것을 의미한다. 성공에 따라 자연적으로 재산도 생기므로 일명 재운선이라고도 부른다. 이 선은 또 우연한 기회나 요행에 의한 금운을 암시하기도 한다. 수성선이 특히 깊게 새겨져 있는 것은 과학적 재능이 있음을 표시한다. 이 선은 대부분의 경우 태양선 또는 운명선을 동반한다.

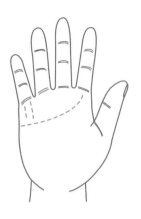

② 수성선이 토막토막으로 되어 있거나 파상으로 된 경우

수성선이 빈약하게 되어 있으면 일이 순조롭게 발전하지 못하고 실패, 좌절할 뿐 아니라 생활적으로도 궁핍해지는 것을 의미한다. 긴 수성선 역시 똑같이 해석할 수 있다.

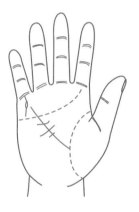

③ 수성선에 섬이나 장해선이 있는 경우

수성선에 섬이나 십자문 또는 장해선 등이 있으면 가령 선이 강하게 나타나 있어도 일이 잘 되지 않고 실패하거나 파산하는 등의 사태가 일어나는 것을 암시한다.

1. 수경선의 개설

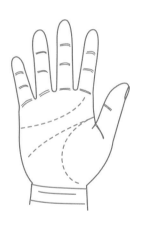

1) 위치

수경선이란 손목에 새겨진 반원상의 선이다. 이 선은 위로부터 제1수경선, 제2수경선, 제3수경선이라 부른다. 세 개 모두 뚜렷하게 새겨져 있으면 건강한 체질과 장명을 약속하는 길상이다.

2) 의의

이 선은 근대 수상학에서 보았을 때 건강 상태를 관찰하는 경우에 참고하는 정도의 것으로 그다지 중요한 선은 아니다.

2. 수경선의 상

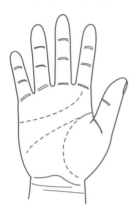

제1수경선의 중앙부가 손바닥 쪽으로 굽어 있는 경우는 남녀 모두 일반적으로 신경질 적이고 체질이 약한 것을 의미하며 특히 성교의 열약성을 나타낸다. 여자의 경우는 거의 불임증이다.

제23장

장해선障害線

1. 장해선의 개설

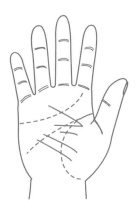

생명선이나 생명선의 내측에서 화성평원을 향해 달리는 선을 장해선 또는 간섭선이라 한다. 장해선은 이 외에도 주요 선을 비스듬히 또는 가로로 교차하는 단독의 짧고 가는 선도 있다. 장해선이 주요 선을 횡단하거나 교차하고 있으면 실패, 손실, 재해, 간섭, 질병, 이별 등의 불길한 사태가 발생하는 것을 암시하는 것으로, 그와 같은 흉사나 불운이 발생하는 시기는 이 선과 주요 선의 교차점이 표시하는 유년에 의한다. 더불어 그 장해의 정도는 장해선의 힘이나 굵기에 비례하는 것이 보통이다.

2. 장해선의 상

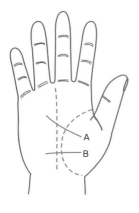

금성구에서 생명선의 외측을 향해 달리는 선은 거의 다 장해선이지만 그중 운명선을 위쪽으로 비스듬히 자르는 선(A)은 영향선이라 하여 근친자나 친척 등으로부터 받는 영향을 나타낸다. 그러나 그 선이 운명선과 직각으로 교차하고 있으면 장해선(B)이 된다.

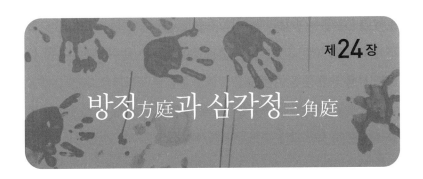

방정方庭과 삼각정三角庭

제24장

1. 방정

1) 위치

감정선과 지능선의 중간 부분을 방정이라 부른다. 이 부분은 반드시 정확한 직사각형은 아니지만 대체로 그것과 유사한 모양을 하고 있다.

2) 의의

방정의 폭이 균형 있게 떨어져 병행하고 목성구와 제2화성구에서 다소 확장된 모양을 하고 있으면 그 사람은 상식적인 판단력과 분별력이 있는 신뢰할 수 있는 사람이다. 그러나 반대로 지능선과 감정선의 어느 한쪽이 위나 아래로 치우쳐 있거나 혹은 양 선이 동시에 접근하여 병행의 폭이 좁아진 것은 그 사람의 성격이 왜소한 것을 나타낸다. 그러나 왜소하다고 하여 그 성격이 야비하다거나 비열하다는 의미가 아니라, 그 사람의 생의 발전이 협소해 비약적으로 성공하지 못하는 것을 나타낸다.

방정의 폭이 극도로 좁으면 성격이 위선적이거나 시야가 좁으며 종교나 신앙 등에 대한 편집성이 강한 것을 나타내고, 그 폭이 지나치게 넓으면 판단력의 결여를 나타내는 것으로 타인의 장점을 보는 눈이 없고 헛된 일에 금전과 시간을 낭비하는 사람임을 나타낸다.

3) 방정의 여러 가지 형상

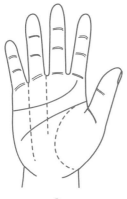

① 방정이 태양구의 아래에서 넓어진 경우
강한 정의감을 가진 사람이라 할 수는 없지만 대체로 정직하고 친절한 사람이다. 그러나 감정에 치우치기 쉽고 퇴영적이며 활동력이 둔한 사람이다.

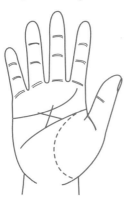

② 방정 내에 십자문이 새겨진 경우
선천적으로 무던하고 착한 성질의 사람이나 다소 게으른 면이 있다. 이 상의 사람은 여성에게 기사도 정신을 발휘해 선량하고 친절하게 대하는 사람으로 여성에게는 인기가 있지만 가정에서는 엄처시하에 있는 남편이다. 이 십자문이 토성구의 바로 아래

에 있으면 상술의 기질을 나타냄과 함께 신비십자문도 되는 것이다.

2. 삼각정

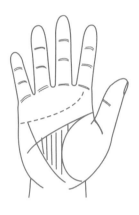

1) 위치
삼각정이란 손바닥 중앙부, 즉 지능선, 생명선 및 건강선에 의해 형성된 삼각형의 부분을 가리킨다.

2) 의의
삼각정의 면적이 넓은 것, 즉 생명선과 지능선의 각도가 완만하고 건강선이 생명선에서 멀리 떨어져 삼각형의 면적이 넓은 사람은 시야와 활동 분야가 넓고 활달하며 용감한 성격을 가진 사람임을 나타낸다.

　삼각정이 두드러지게 새기듯이 융기하면 불굴, 과단 등의 적극적인 성격을 표시하는 것으로 행운과 발전을 시사하는 길상이다.

　지능선과 생명선의 기점 부분이 예각이 될수록 삼각정의 면적도 협소하게 된다. 이러한 사람은 성격적으로 소심하고 신경질적임을 표시하는 것으로 사회적 시야가 좁고 활동력 역시 모자란다.